Anne Hugon ist Historikerin an der Universität Lyon und beschäftigt sich seit mehreren Jahren mit der Geschichte der Erforschung Afrikas. Sie übersetzte den 1992 erschienenen Reisebericht von Mary Kingsley.

Meiner Familie und vor allem Flavien und Dominic, Sylvain und Lycie, Karine und Catherine gewidmet

Deutsche Textfassung: Ingrid Stübinger
Wissenschaftliche Bearbeitung:
Dr. Ulrich van der Heyden und Dorothe Zacharias

Die Deutsche Bibliothek – CIP-Einheitsaufnahme

Auf der Suche nach den Quellen des Nils / Anne Hugon.
[Dt. Textfassung: Ingrid Stübinger. Wiss. Bearb.: Ulrich van der Heyden und Dorothe Zacharias. Red. der dt. Fassung: Ursula Behrendt-Roden]. –
Dt. Erstausg. – Ravensburg: Maier, 1994
(Abenteuer Geschichte; 40) (Ravensburger Taschenbuch)
Einheitssacht.: L'Afrique des explorateurs – vers les sources du Nil <dt.>
ISBN 3-473-51040-8
NE: Hugon, Anne; Heyden, Ulrich van der [Bearb.];
Behrendt-Roden, Ursula [Red.]; EST; 1. GT

ABENTEUER GESCHICHTE

Deutsche Erstausgabe als Ravensburger Taschenbuch

Die Originalausgabe erschien unter dem Titel
„L'Afrique des explorateurs – Vers les sources du Nil"

Redaktion der deutschen Fassung: Ursula Behrendt-Roden

Satz: Eduard Weishaupt, Meckenbeuren
Printed in Italy by Soc. Editoriale Libraria

5 4 3 2 1 98 97 96 95 94

ISBN 3-473-51040-8

AUF DER SUCHE NACH DEN QUELLEN DES NILS

Anne Hugon

Ravensburger Buchverlag

AFRIQUE

ERSTES KAPITEL

AUFBRUCH IN EINE NEUE WELT

Noch im Jahre 1800 ist das Innere des afrikanischen Kontinents weitgehend „Terra incognita“. Ein Jahrhundert später ist der Kontinent bereits unter den großen Kolonialmächten aufgeteilt. In der Zwischenzeit haben die Forscher die zentralen Regionen durchmessen, Wasserläufe und Berge erkundet, Flora und Fauna registriert, Kontakte mit den Afrikanern geknüpft und dem Imperialismus eines expandierenden Europas neuen Schwung verliehen.

Alle Symbole für das den Europäern des 18. Jahrhunderts noch unbekannte Afrika sind in dieser Allegorie enthalten: die obligatorische Palme, der majestätische Löwe, die „primitiven“ Waffen und vor allem eine schöne „Wilde“, die die Szenerie beherrscht. All das hat den Zauber einer zwar recht klischeehaften, aber dennoch sehr anziehenden Exotik.

Afrika ist zu keiner Zeit, wie häufig angenommen wird, ein von der übrigen Welt isolierter Kontinent, denn schon vor Beginn der europäischen Expansion bestanden ständige Beziehungen zu Asien und Europa.

Während des europäischen Mittelalters durchqueren arabische Karawanen die Sahara, transportieren Salz, Waffen und Stoffe von Norden nach Süden und nehmen Gold, Elfenbein und Sklaven wieder mit zurück. Die Berichte dieser arabischen Reisenden, wie zum Beispiel von Ibn Battuta, Ibn Hauqal oder Al-Idrisi, stellen heute eine wertvolle historische Quelle über Afrika oder zumindest über die sudanesische Zone dar.

Die Europäer siedeln seit dem 15. Jahrhundert in Handelsniederlassungen und Forts an der afrikanischen Westküste. Dort tauschen sie industriell gefertigte Produkte gegen exotische Waren, später gegen Sklaven. Zu Beginn des 16. Jahrhunderts erkunden sie den gesamten Küstenstreifen, inklusive der Ostküste, wo sie neben arabischen Händlern Handel treiben.

Die geographischen Gegebenheiten erschweren den Zugang ins Landesinnere.

Lange Zeit bleiben die Kenntnisse über Afrika auf die Trockenzone und den Küstenbereich beschränkt, wobei selbst die Küste wegen der Ufersümpfe nicht leicht zugänglich ist. Vor allem aber erscheint das tropische Afrika der Urwälder wegen des Klimas und der extrem dichten Vegetation völlig unzugänglich. Zusätzlich erschwerend für die Erforschung des Kontinents ist die ausgeprägte sprachliche, ethnische und politische Zersplitterung, die bis auf die größeren, stark strukturierten und zentralisierten Königreiche

in den Gebieten um die großen Seen herum in Schwarzafrika herrscht. Ein Beispiel dafür ist das Kongobecken, eine Ansammlung verschiedener ethnischer Einheiten. Zu diesen erschwerenden Faktoren kommen Legenden hinzu, die geeignet sind, Forschungsreisende und Abenteurer abzuschrecken: Man erzählt sich von unheimlichen kopflosen Kreaturen, von Wesen mit teils Tier-, teils Menschengestalt und von kannibalischen Ritualen.

Bis zum Ende des 18. Jahrhunderts ermutigen diese Umstände die Europäer nicht gerade dazu, sich ins Innere des Kontinents vorzuwagen. Für den Handel mit Sklaven, der seit dem 16. Jahrhundert das wichtigste Motiv für den Austausch mit Afrika darstellt, können sie sich auf

Dank ihrer Kamele können die arabischen Karawanen die Sahara durchqueren. Nicht zuletzt auf dieses Transportmittel sind die hervorragenden Fortschritte der Araber in der Erkundung der afrikanischen Geographie bis hin zur Waldzone zurückzuführen. Ein Beispiel hierfür gibt der Reisende Ibn Battuta (links).

Links: Kapstadt im Jahre 1820. Unten: Katalanische Weltkarte aus dem Mittelalter. Die geographische Verwirrung, was den Verlauf von Nil und Niger angeht, ist gut zu erkennen. Beide fließen hier auf Breitengraden zusammen, auf denen sich afrikanische Reiche (Zeltsymbole) befinden.

Kontakte mit den Küstenregionen beschränken. So halten sich im Jahre 1790 nicht mehr als 25 000 Europäer auf dem ganzen Kontinent (davon 21 000 am Kap) auf. Doch zeichnet sich bereits zu diesem Zeitpunkt eine Wende in den euro-afrikanischen Beziehungen ab, die den Austausch zwischen den beiden Welten in weniger als 100 Jahren radikal verändern wird.

Anfangs betrachtet vor allem Großbritannien Afrika aus einem neuen Blickwinkel: Die Briten sind wahre Pioniere im Kampf gegen den Sklavenhandel und auf dem Gebiet der geographischen Entdeckungen.

Wissenschaftlicher Elan und Pioniergeist

Am Ende des Zeitalters der Aufklärung sind sowohl die Abenteurer als auch ihr Publikum von den „großen weißen Stellen auf der Karte Afrikas" (Binger) fasziniert. Die Kartographen sind nämlich bis zu diesem Zeitpunkt gezwungen, die innere Gestaltung des Kontinents entweder offenzulassen oder phantasievoll zu konstruieren. Flüsse bahnen sich ihren Weg in gänzlich frei erfundenem Lauf, Nil und Niger münden ineinander, und der Kongo sieht wie ein ein bescheidenes Küstenflüßchen aus!

Sir Joseph Banks, der Begleiter von Cook bei den Erforschungen des Pazifiks von 1768, gründet 1788 die African Association. Seine offizielle Funktion ist die eines Schatzmeisters; in Wirklichkeit wird er aber als Leiter der Gesellschaft eingesetzt. Als Sohn eines Großhändlers verfügt er über ein wirksames Netz wissenschaftlicher Informanten und Bewunderer, unter denen sich auch der damalige britische Thronfolger befindet.

Bald aber genügen diese phantastischen Entwürfe dem wissenschaftlichen Ehrgeiz nicht mehr.

Im Jahre 1788 erscheint in London eine Broschüre, die von der neuen Gesellschaft für die Entdeckung des Inneren Afrikas (oder einfacher: der African Association) herausgegeben ist. Dort kann man lesen: „Mindestens ein Drittel der bewohnten Welt ist heute noch unbekannt, vor allem fast ganz Afrika." Zum ersten Mal wird diese Unkenntnis als beschämende Wissenslücke betrachtet, die es so schnell wie möglich zu schließen gilt. Geographische Neugier ist nicht die einzige treibende Kraft: Neben den wissenschaftlichen Interessen ist es auch allgemein das Interesse an fremden Kulturen, das die Europäer entwickeln. Darüber hinaus versprechen sich vor allem die Naturwissenschaftler einen bedeutenden Zuwachs von Erkenntnissen. Das Sammeln von naturwissenschaftlichen Fakten ist jedoch kein Ziel an sich. Durch das Entziffern der Gesetze des Lebens soll der menschliche Verstand die Welt letztlich perfekt beherrschen können. Die African Association drückt entsprechend ihre „Überzeugung" aus, was den „praktischen und nützlichen Aspekt einer solchen Kenntnisserweiterung" angeht, und zeigt damit einen entschlossenen Wissenschafts- und Kulturoptimismus. Das so grundsätzlich gewachsene Interesse an fremden Kulturen führt dazu, daß auch Afrika verstärkt in den Blickwinkel von Forschungsreisenden rückt: Die Erkundung des Kontinents kann beginnen.

„Alle Menschen sind Brüder!"

Gegen Ende des 18. Jahrhunderts gewinnt in Europa eine *philanthropische* * Geisteshaltung an Gewicht. Die Erforschung des Pazifiks führt die Europäer dazu, sich mit Völkern auseinanderzusetzen, die ihnen bis dahin unbekannt waren. Der Rousseausche Mythos vom „edlen Wilden" kommt in Mode und mit ihm ein neues Verständnis für entfernte Kulturen.

Zur selben Zeit versucht der *Abolitionismus*, eine Bewegung zur Abschaffung der Sklaverei (besonders in Großbritannien), die „aufgeklärten" Geister gegen den Sklavenhandel mobil zu machen. Es wird kritisiert, daß die Sklaverei das Aufkommen eines modernen industriellen Kapitalismus bremst, der ja gerade auf der freien Arbeitskraft beruht. England, das in wirtschaftlicher Hinsicht seinen europäischen Rivalen überlegen ist, hofft diese zu schwächen, wenn es sich dem Sklavenhandel entgegenstellt. Einflußreiche Männer, denen dieser ökonomische Nebeneffekt der Abolition durchaus bewußt ist, entrüsten sich lautstark darüber, daß andere Landsleute aus dem Menschenhandel Gewinne ziehen. Während die Engländer und andere Europäer die Legalität des Menschenhandels verurteilen und seine Abschaffung fordern, wächst

Zu den Formen des Protestes gegen den Sklavenhandel gehören vor allem Bittschriftkampagnen und Veröffentlichungen von illustrierten Flugblättern.

Die Abolitionisten sind zwar voller guter Absichten und betonen die Bruderschaft aller Menschen, nehmen in Wirklichkeit aber eine sehr bevormundende Haltung ein: Wenn schon alle Menschen Brüder sind, dann sind die Europäer sicherlich die älteren Brüder! Hinter ihrer „Wohltätigkeit" verbirgt sich eine rassistische Ideologie.

* *kursive Begriffe* **siehe Glossar Seite 181.**

gleichzeitig ihr Interesse an den afrikanischen Völkern. Im Jahre 1815 feiern die Gegner des Sklavenhandels den Triumph ihrer Bestrebungen auf dem Wiener Kongreß, wo unter anderem Großbritannien und Frankreich entscheiden, den Sklavenhandel – nicht aber die Sklaverei! – zu verbieten.

Obwohl diese Entscheidung wohl vor allem gefällt wird, weil aufgeklärte Denker sich für sie einsetzen, bleiben diese doch den afrikanischen Gesellschaften gegenüber in gewisser Weise recht ignorant. Sie versuchen zwar, die „Zivilisation" auf dem Kontinent voranzutreiben, doch übersehen sie dabei völlig die Besonderheiten der schwarzen Kulturen. Mit wohlwollender Herablassung empfiehlt selbst Livingstone, der normalerweise nicht dazu neigt, die Afrikaner zu unterschätzen, „den Stämmen Afrikas zu helfen, die dabei sind, sich einen Platz unter den Weltnationen zu schaffen". Diese Geringschätzung hat ihren Ursprung in dem (noch) unumstrittenen und erst vor kurzem erzielten technologischen Vorsprung der westlichen Welt, aus dem die Europäer schnell ihre Überlegenheit ableiten.

Die Sklaverei ist zwar seit 1830 in den englischen Kolonien illegal, wird jedoch weiterpraktiziert. Wie hier auf dem Kongreß der Londoner Gesellschaft gegen die Sklaverei im Jahre 1840 versammeln sich die Abolitionisten regelmäßig, um diesem Mißstand Einhalt zu gebieten. Sie rekrutieren ihre Anhänger (darunter eine große Anzahl Frauen), die Abolition als einen Faktor wirtschaftlichen Fortschritts verstehen, vor allem aus dem Händler- und Industriellenmilieu.

Die Missionare entdecken in Afrika ein neues Terrain für ihre Evangelisation.

Bereits vor dem Beginn des 19. Jahrhunderts versuchen europäische Missionare, bestimmte Regionen Afrikas zu christianisieren. Ihre Bemühungen tragen vor allem im Kongo und in Angola Früchte, und zwar schon zwischen Ende des 15. und Anfang des 16. Jahrhunderts. Besonders die Portugiesen tun sich dabei hervor, jedoch ohne bleibenden Erfolg. Davon enttäuscht, verliert die Kirche vorläufig ihr Interesse am Schicksal der Afrikaner.

Erst sehr spät, am Ende des 18. Jahrhunderts, entdecken die Missionare, daß der Sklavenhandel der Lehre des Christentums grundsätzlich widerspricht. Neben der religiösen Aufgabe sind sie sich nun der zusätzlichen Herausforderung bewußt, die Sklaven von ihrer menschenunwürdigen

Missionare und Laien erkennen sehr bald, was für ein wirkungsvolles erzieherisches Instrument Illustrationen darstellen. Zeichnungen regen die Vorstellungskraft des Lesers an und lockern zugleich langatmige Berichte auf. Auch die in Europa erscheinenden Reiseberichte sind zumeist reich illustriert. Hier ein Stich der Einwohner von Shoa (Äthiopien) von J. L. Krapf.

In ihren Berichten betonen die Missionare vor allem ihre guten Taten: Schule, Krankenstation und Kirche sind Hauptansatzpunkte der Christianisierung. Livingstone unterstreicht die große Bedeutung der Bildung für die Bekehrung: „Niemand wird zur Taufe zugelassen, der nicht lesen und das Wesen der christlichen Religion nicht verstehen kann." Allerdings beruht der Übertritt zum Christentum nicht immer auf rein religiösen Motiven, wie derselbe Autor bedauernd ausführt. Manch einer gibt nur vor, den Glauben anzunehmen, um materielle Vorteile zu erhalten: Die Missionsstationen verfügen nämlich oft über ein Lager an attraktiven Waren (Werkzeuge, Stoffe usw.), die als Gegenleistung für verschiedene Arbeiten an die Bekehrten verteilt werden.

Existenz zu befreien und die Durchsetzung humanitärer Zielsetzungen zu fördern. Im 19. Jahrhundert brechen daraufhin zahlreiche Kirchenmänner in unbekannte Regionen auf, um die christliche Botschaft zu verkünden.

Vor allem die Geistlichen in Großbritannien sehen in Afrika einen Kontinent, der auf seine Erlösung wartet. Trotz der hohen Sterberate durch Fieberkrankheiten, die die schlecht immunisierten Europäer nicht überleben, fehlt es nicht an Freiwilligen.

Die Missionare haben zwar Schwierigkeiten mit der Gesundheit, aber nicht in finanzieller Hinsicht! Dank der Spenden der Gläubigen nimmt das Budget der Missionsgesellschaften im Laufe des Jahrhunderts stark zu: Es gehört nun zum guten Ton, Missionare zu unterstützen.

Das Leben der Missionare

Die zahlreichen christlichen Missionen streiten sich zum Teil heftig um den Einfluß in den afrikanischen Territorien. Rivalität besteht nicht nur zwischen der römisch-katholischen und der reformierten Kirche, sondern sogar innerhalb verschiedener protestantischer Glaubensrichtungen. Zu dieser Konkurrenz kommen oft noch die Unterschiede zwischen den europäischen Nationen hinzu: Die katholischen Missionen stammen vor allem aus Frankreich, die protestantischen Missionen sind im allgemeinen englische, deutsche oder sogar amerikanische Gründungen. Die Lebensweise der Missionare entspricht nicht ganz der afrikanischen: Häuser traditionellen Stils statten sie mit europäischem Hausrat aus. Somit schaffen sie auch ein neues kulturelles Modell (und nicht nur ein religiöses) und lassen bei der einheimischen Bevölkerung neue Bedürfnisse entstehen.

Schneebedeckte Gipfel auf den Breitengraden des Äquators! Diese erstaunlichen Berge, die schon von den alten Griechen und Römern zitiert wurden, regen die Phantasie der Europäer an. Sie träumen ebenfalls von den sagenhaften Quellen des Reichtums in diesem Kontinent, der von Gold und Diamanten überzuquellen scheint. Die Abenteuerlustigsten unter ihnen hoffen, dort ihr Glück zu machen.

Als Folge davon steigen die Einkünfte der Missionsgesellschaft der anglikanischen Kirche von ca. 30 000 Pfund im Jahre 1830 auf 150 000 Pfund im Jahre 1875.

In Zentralafrika zählen zwei deutsche Missionare, Johann Ludwig Krapf und Johannes Rebmann, zu den Pionieren. Sie kommen 1840 nach Mombasa und übersetzen die Bibel ins Suaheli, um die Eingeborenen besser überzeugen zu können. Sie sind auch die ersten Europäer, die in ihren Berichten die schneebedeckten Berge von Kenia und den Kilimandscharo erwähnen. Aber ihre Entdeckungen stoßen bei den Schreibtischgeographen nur auf Skepsis.

Wohlgemerkt sind die meisten Missionare eher Siedler als Entdecker. Trotzdem veröffentlichen einige der Gründer von Missionsstationen in besonders abgelegenen Gegenden ihre Beobachtungen. Der bekannteste unter ihnen ist sicherlich David Livingstone. Alle diese Publikationen und Vorträge, die in europäischen Fachzeitschriften oder als Reiseberichte veröffentlicht werden, tragen viel dazu bei, die Europäer mit Afrika näher vertraut zu machen.

Die Hoffnungen der Händler

Die offizielle Abschaffung des Sklavenhandels verhindert nicht, daß dieses menschenunwürdige Geschäft weiterhin illegal betrieben wird. Dennoch verringert sich sein Umfang im Laufe des Jahrhunderts beträchtlich, und manche europäische Händler sehen sich gezwungen, mit anderen „Waren" zu handeln. Allgemein wächst das Interesse, mit einem besser in den internationalen Handelsverkehr integrierten Afrika vorteilhafte Geschäfte zu machen.

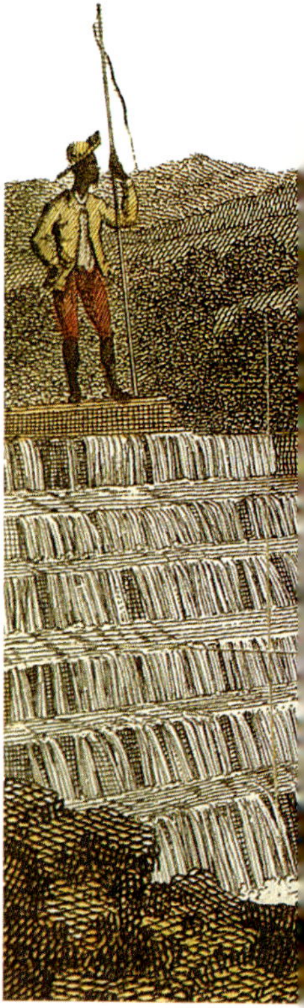

Der afrikanische Kontinent scheint tatsächlich in der Lage zu sein, große Mengen an exotischen Produkten zu liefern, wie zum Beispiel Palmöl, das zur Seifenherstellung dient, oder Kautschuk, nutzbar für pharmazeutische Zwecke. Zudem birgt Afrika mineralische Reichtümer, die die Habgier der Europäer wecken. Livingstone beschreibt zum Beispiel die in Katanga gehandelten Kupferbarren, deren Gewicht 100 Pfund erreicht. Das industrialisierte Europa ertappt sich immer häufiger bei dem Traum, diese Rohstoffquellen zu kontrollieren. Man denkt dabei auch daran, daß Afrika mit der Erschließung des Landesinneren zu einem beachtenswerten Markt für Industrieprodukte werden könnte.

Goldklumpen in Form des afrikanischen Kontinents.

Man darf nicht vergessen, daß das westliche kontinentale Europa in der Nachfolge der Industrialisierung Englands zur „Werkstatt der Welt“ wird; die Industrieprodukte müssen abgesetzt werden, und jede Möglichkeit zur Markterweiterung wird begrüßt. Dabei stellen das Erkunden und Kartographieren ganzer Regionen sowie Kontakte mit den Einheimischen die notwendigen Voraussetzungen für eine kommerzielle Erschließung dar. So verbindet sich der unbestreitbar vorhandene humanistische Antrieb mit wirtschaftlichem Pragmatismus. Die Verbindung beider Komponenten begünstigt die rasche Erforschung der „weißen Flecken“ auf der Landkarte Zentralafrikas.

Seit dem Ende des 19. Jahrhunderts geht die Entdeckung eines Gebiets auch mit dessen Kolonialisierung einher.

In den Jahren um 1880 beginnen die europäischen Mächte, die wirtschaftspolitischen Vorteile zu erkennen, die eine

Seit Ende des 18. Jahrhunderts nimmt London finanziell und wirtschaftlich die führende Position auf dem Weltmarkt ein. In der Hauptstadt konzentrieren sich ebenfalls alle auf Afrika bezogenen geistigen und wissenschaftlichen Aktivitäten. Eine andere Stadt begründet ihren Reichtum auf direktere, maritime Beziehungen zum Schwarzen Kontinent: Liverpool, der zweitgrößte Hafen Englands, engagiert sich zunächst stark im Dreieckshandel und wendet sich erst im 19. Jahrhundert wieder weniger verwerflichen Aktivitäten zu. Viele Forscher brechen von Liverpool aus nach Afrika auf, sie gehen dort an Bord von Dampfschiffen der Handelsmarine.

ständige Präsenz in Afrika mit sich brächte. Die politische Kontrolle des Kontinents würde ihre wirtschaftliche Position stärken und wäre so auf lange Sicht ein wichtiger Machtfaktor. Bis zu diesem Zeitpunkt werden die Forscher ausschließlich von privaten Geldgebern subventioniert, ab 1880 jedoch verbürgen sich die Regierungen für sie oder finanzieren sie selbst. Der Streit der europäischen Mächte um die Aufteilung Afrikas beginnt.

Von jetzt an haben die zumeist von Offizieren geleiteten Forschungsreisen militärischen Charakter. Die begleitenden Offiziere werden zu Botschaftern mit der Aufgabe, die eigene Flagge gegen die ausländische Konkurrenz zu verteidigen. Bei der Erkundung von unbekanntem Terrain haben sie den offiziellen Auftrag, Verträge mit den afrikanischen Stammesführern abzuschließen. Der Forschungsauftrag ist damit vor allem bei den Franzosen nur noch sekundär. Den französischen Soldaten und Amtsträgern ist ausdrücklich vorgeschrieben, mit allen Mitteln die Gunst eines Königs zu gewinnen, um ihn dann unter die französische Schutzherrschaft zu zwingen. So begünstigt die Erforschung des afrikanischen Kontinents zweifelsohne die Einführung der Kolonialherrschaft,

In Afrika machen nicht wenige Offiziere schnell Karriere, wie zum Beispiel Pierre Savorgnan de Brazza und Jean-Baptiste Marchand.

auch wenn dies nicht die Absicht der ersten Forschungsreisenden gewesen ist.

Man sieht, all diese Interessen sind eng miteinander verbunden und lassen sich nur schwer voneinander trennen. In fünf Wörtern zusammengefaßt lauten sie: Entdeckung, Zivilisierung, Christianisierung, Kommerzialisierung, Kolonialisierung. Obgleich Europas erneutes Interesse an Afrika gegen Ende des 18. Jahrhunderts auf verschiedenen Motiven beruht, tritt das Symbol des Forschers, als Pionier auf unbekanntem Territorium immer wieder in den Vordergrund, vor allem in der Literatur.

Der Forschungsreisende: eine typisch europäische Figur

Mit dem Bild des Forschungsreisenden werden in der Regel bestimmte Klischees assoziiert: Der Forscher, der übermüdet und erschöpft, aber dennoch wachsam der Expedition vorangeht, auf dem Kopf den Tropenhelm; er macht Jagd auf große Raubkatzen oder Elefanten, wehrt sich gegen Moskitos und andere gefährliche Insekten und vergißt darüber nie die Aufgabe, die er sich selbst gestellt hat. Er ist gleichzeitig großzügig und autoritär, eigensinnig und vorsichtig, enthusiastisch und nüchtern – ein wahrhaft vollkommener Mensch, der Betrügereien und vor allem willensschwache Charaktere verabscheut.

Was wäre eine Afrikaexpedition ohne Trophäen? Vor allem die Engländer lieben die Jagd auf Raubkatzen und Elefanten, die als besonders gefährlich gilt und als dementsprechend ehrenvoll. Zudem ergibt sich dabei die Gelegenheit, die Afrikaner durch die eigenen Jagdwaffen und Schießkünste zu beeindrucken.

Historisch gesehen entspricht dieses Ideal nur wenig der Realität; auch ist der Anlaß seiner Reise weitaus komplexer als die ihm unterstellte Abenteuerlust. Als Europäer (oder Nordamerikaner) hat der Forschungsreisende zunächst eine präzise soziale Funktion: Er soll seine Zeitgenossen über den Zustand der Welt informieren und sie gleichzeitig in ihrem Glauben an die Überlegenheit der Weißen bestärken. Da man ihm Mut und Opferbereitschaft zuspricht, traut man ihm zu, neue Erkenntnise unter Einsatz seines Lebens zu gewinnen. Die Forscher werden die Vertreter der „zivilisierten Welt" in Zentralafrika. Dennoch haben gerade sie paradoxerweise oft mit der Gesellschaft gebrochen, aus der sie stammen. Eingeengt von den

Tanzszenen faszinieren die Reisenden – nur sehen sie in ihnen lediglich den Ausdruck ungezügelter Leidenschaften und nicht ihre eigentliche soziale Funktion, den Zusammenhalt einer Gruppe zu stärken. Neben religiösen Ritualen sind es auch Begrüßungszeremonien, mit denen die überraschten Reisenden konfrontiert werden.

Zwängen der Konventionen des 19. Jahrhunderts, besonders im viktorianischen England, sehnen sie sich nach einem weniger streng reglementierten Lebensraum: Mit Afrika verbinden sie die Illusion von Freiheit und Glück. Forschungsreisenden wie Sir Richard F. Burton, der sich unter seinen Landsleuten nie besonders wohl gefühlt hat, wird oft vorgeworfen „to be unbritish". Da er von nichteuropäischen Kulturen fasziniert ist, wird er gleichzeitig als Abtrünniger und als genialer Entdecker im Dienste Großbritanniens angesehen. Mary Kingsley drückt ebenfalls ihre Vorbehalte gegenüber der restriktiven Gesellschaft aus, in der sie aufgewachsen ist: Sie flüchtet aus England und beteuert, daß das tropische Afrika ihre wahre Heimat sei.

Der Afrikareisende Sir Richard F. Burton umgibt sich mit orientalischem Ambiente (abgebildet ist die Inneneinrichtung seines Hauses in Triest) und pflegt mit Hingabe seinen etwas zweifelhaften Ruf. Als überzeugter Nonkonformist schreckt er auch vor Provokationen nicht zurück. Britische Zeitgenossen verzeihen ihm seine Offenheit und seine Vorliebe für skandalöse Situationen nicht.

Auch der Forscher läuft Gefahr, Klischees über Afrika auf den Leim zu gehen.

Burton, der Opium und galante Gesellschaften zu schätzen weiß, wird auch der Homosexualität bezichtigt. Das bedeutet das Ende seiner militärischen Laufbahn.

Die meisten Forschungsreisenden sind unverbesserliche Romantiker. Manche sehen in Afrika eine Möglichkeit, die eigene Lebenserfahrung zu relativieren. Sie achten ausschließlich auf ihnen Neues und Fremdartiges und verstehen so Afrika als Gegenwelt zu ihrer eigenen. Andere werden von dem Wunsch getrieben, individuelle Grenzen zu überschreiten, und suchen in Afrika nach den unbekannten Seiten ihres Lebens.

Die Faszination, die dieser Kontinent auf die Forschungsreisenden ausübt, beruht nicht zuletzt auf dem „mysteriösen“ Charakter Afrikas, für dessen Konstruktion die Forscher selbst verantwortlich sind. Für Europäer ist Afrika das Reich dunkler Kräfte, unzugänglicher Orte und ungewöhnlicher Völker. In diese Faszination mischt sich eine Prise Furcht, die das Prestige der Forscher noch erhöht: Also nähren sie selbst diese Vorstellung, indem sie Ausdrücke wie „Das dunkle Afrika“ oder „Der geheimnisvolle Kontinent“ verwenden. Die so provozierten Phantasien haben wenig mit der Realität gemein.

Sir Henry M. Stanley ist der Prototyp eines Forschers. Mit entschlossenem Ausdruck und großem Pathos posiert er vor der Kamera: sein Gewehr in der Hand, bereit sich den Gefahren des Urwaldes zu stellen.

Afrikaforscher genießen weltweiten Respekt.

Erfolgreiche Forscher sind in der ganzen westlichen Welt berühmt. Flüsse, Städte und Berge scheinen

erst dann zu existieren, wenn sie von ihnen identifiziert und geortet worden sind. Dabei berücksichtigen die Forschungsreisenden die Eingeborenen mit keinem Wort und erklären sich skrupellos zu den „ersten“, die diesen Berg erklommen oder jenen Fluß befahren haben, ganz als ob sie einen zuvor unbewohnten Planeten betreten hätten. So geben sie Seen oder Wasserfällen eigene Namen und übergehen dabei wissentlich traditionelle Bezeichnungen.

Beispielsweise tauft Livingstone die gewaltigen Wasserfällen des Sambesi „Victoriafälle“. Den Eingeborenen

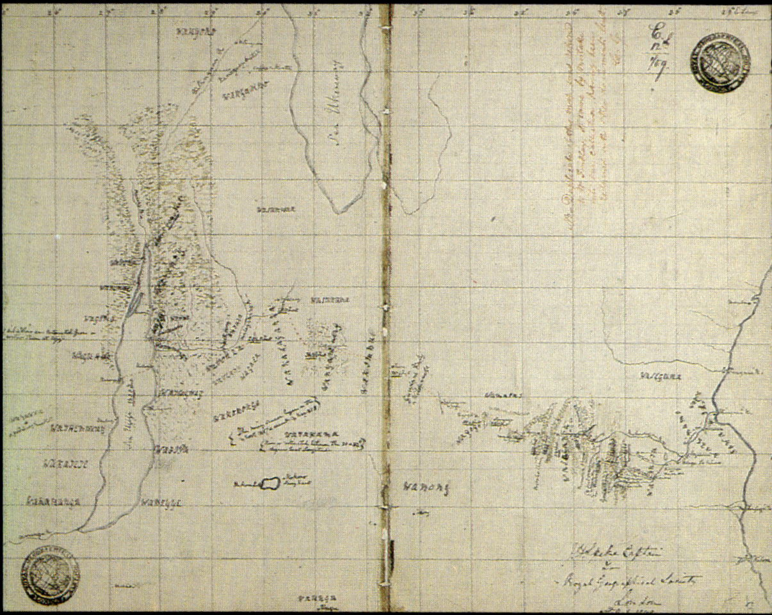
Sea Ukerewe
Royal Geographical Society
London

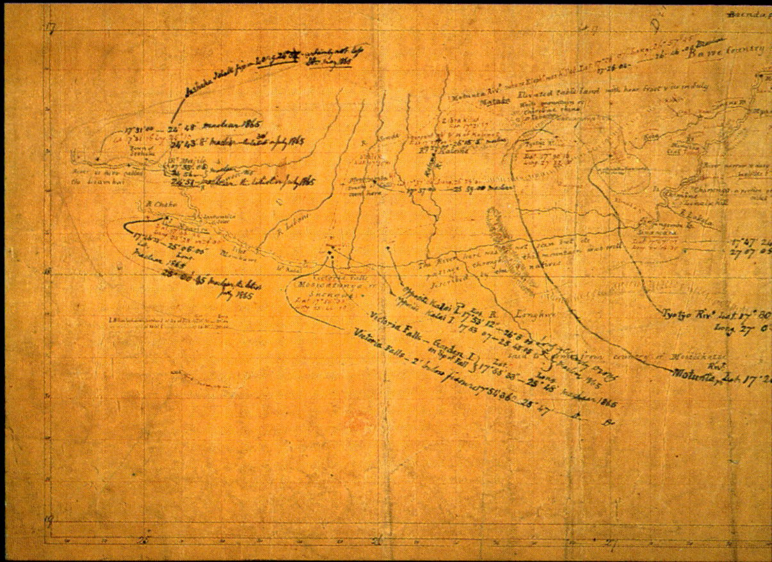
Victoria Falls
Batoka Country

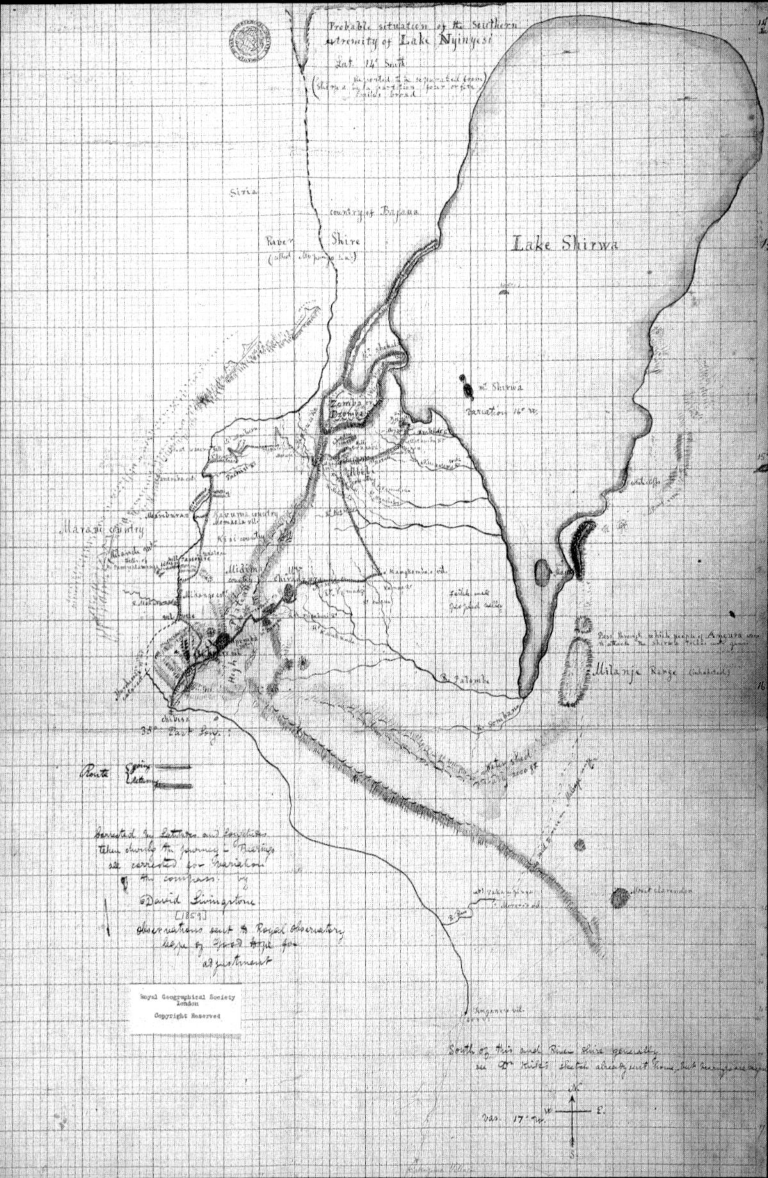
Probable situation of the Southern extremity of Lake Nyinyesi
Lat. 14° South
Siria
country of Bajaua
River Shire
Lake Shirwa
Mt. Shirwa
Variation 16° W.
Zomba
Milanje Range (inhabited)
R. Palombe
Mount Clarendon
35° East Long.
Route Going Returning
Corrected by Latitudes and Longitudes taken during the journey – Bearings all corrected for Variation of the compass by
David Livingstone
[1859]
Observations sent to Royal Observatory Cape of Good Hope for adjustment
Royal Geographical Society London
Copyright Reserved
South of this and River Shire generally
Var. 17° W.
N
E.
S

waren sie schon lange als „Donnernder Rauch" (Mosioatounya) vertraut. Auf diese Weise bemächtigen sich die Europäer dieser Orte auch symbolisch. Die Karte Zentralafrikas trägt viele ähnlich kolonial klingende Namen, die aus der Familie des damals herrschenden englischen Königshauses stammen: neben den Victoriafällen etwa den Victoriasee, den Albertsee, den Edwardsee und den Georgesee. Manche Reisenden wie etwa Stanley treiben die Eitelkeit sogar so weit, ihren Entdeckungen den eigenen Namen zu geben, oder sie berücksichtigen bei der Namensgebung all jene, die ihnen bei der Verwirklichung ihrer Ziele geholfen haben: So erscheinen auf der Landkarte die Murchison- und die Riponfälle, Familiennamen zweier Direktoren der Royal Geographical Society. Die Pioniere sind damit nicht nur Entdecker, sie hinterlassen deutliche und bleibende Spuren.

Der Geologe Sir Roderick Murchison ist von 1843 bis zu seinem Tod Präsident der Royal Geographical Society. Er denkt methodisch, ist autoritär und verfügt über ein beträchtliches persönliches Vermögen, wie viele der Männer, die damals für den Fortschritt der Wissenschaft arbeiten. Er regt die Expeditionen der Society zu den Quellen des Nils an. Als Dank nennt der Expeditionsleiter Sir Samuel W. Baker die Wasserfälle des Albertsees (rechts) „Murchisonfälle".

Königin Victoria, umgeben von sieben ihrer neun Kinder. Manche Forscher, wie John H. Speke und James A. Grant, scheuen sich nicht, sich als Söhne der Königin auszugeben, wenn sie afrikanischen Monarchen imponieren wollen.

Zweites Kapitel
DAS RÄTSEL DER NILQUELLEN

Schon im 5. vorchristlichen Jahrhundert schrieb Herodot: „Ägypten ist ein Geschenk des Nils." Doch blieb dieser Fluß, der für die ägyptische Zivilisation so lebensnotwendig ist, daß man ihn für heilig hielt, jahrhundertelang ein geographisches Rätsel. Wo war sein Ursprung? Sagte man nicht, daß er am Ende der Welt entspringt oder sogar jenseits davon? Erst im 19. Jahrhundert versuchen die Forscher nach langem Zögern, dieser Frage auf den Grund zu gehen.

John Hanning Speke ist der eigentliche Entdecker der Nilquellen. Dennoch hat der „Mann vom Nil" größte Schwierigkeiten, seine Entdeckung in der europäischen Öffentlichkeit glaubhaft zu machen. Er besitzt zwar ein bemerkenswertes Gespür für den „Schwarzen Kontinent", ist aber zu zurückhaltend, um so populär zu werden wie einige weniger talentierte Forscher seiner Zeit.

Nach den Griechen griffen auch die Römer die Frage nach den Quellen des Nils wieder auf und versuchten den Stromverlauf zurückzuverfolgen. Zu diesem Zweck entsandte Kaiser Nero eine Expedition zum Oberlauf des Flusses. Man weiß nicht, bis wohin sie vordrang, aber ein Zeitgenosse beschreibt „ungeheure Sümpfe". Gelang es ihr etwa, das Sumpfgebiet des Sudd zu durchqueren?

Der Nil, Zeuge der Entwicklung einer faszinierenden Zivilisation und längster Fluß der Welt, ist seit der Antike Rätsel und Mythos zugleich. Zunächst ist unbegreiflich, wie der Nil Ägypten bewässern kann, obwohl er über viele Kilometer hinweg die Wüste durchquert.

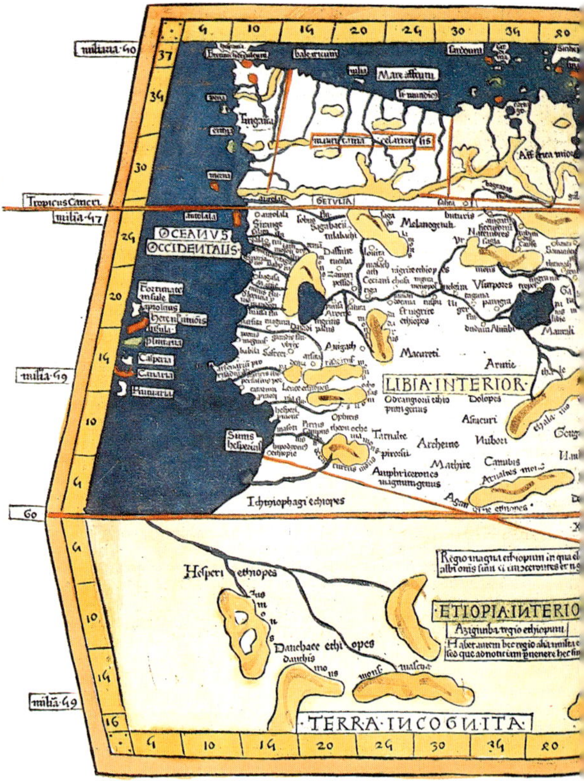

Die ersten Zeugnisse aus der Antike

Extrem ungünstige geographische Verhältnisse verhindern zunächst die Lösung dieses Rätsels, denn wenn man den Assuan aufwärts fahren will, stößt man auf sechs Katarakte, die es unmöglich machen, den Fluß weiter zu befahren. Zudem verliert sich der Nil im Sudanbecken, auf der

Höhe des 8. nördlichen Breitengrades, in undurchdringlichen Sumpfgebieten.

Es schien daher unmöglich, den Strom bis zu seiner Quelle zurückzuverfolgen. Herodot, der griechische Geschichtsschreiber (5. Jahrhundert v. Chr.), trägt zur Verbreitung falscher Hypothesen bei: Er differenziert nicht zwischen dem Nil und dem Niger, da er annimmt, es handle sich um ein und denselben Fluß, der in Westafrika entspringt und das Tschadbecken in Richtung Ägypten durchquert. Ptolemäus legt im 2. Jahrhundert n. Chr. eine wahrheitsgemäßere Darstellung vor. Als Astronom und Geograph beschäftigt er sich in der Bibliothek von Alexandria mit den Arbeiten von Marin

Ptolemäus (oben) konsultiert einen der 700 000 Bände der alexandrinischen Bibliothek, dem größten Wissensspeicher der Antike. Auf Ptolemäus' Erkenntnisse wird während des ganzen Mittelalters in mehr oder weniger getreuer Weise zurückgegriffen. Im 15. Jahrhundert übersetzt man seine bekannte Geographie ins Lateinische. Die nach ihr entstandenen Karten zeigen den damaligen Kenntnisstand: Es ist eine undeutliche Darstellung des Kontinents, von dem nur der nördliche Teil bekannt ist; im Süden herrscht die Leere der „Terra incognita", und im Westen sieht man einen noch unsicheren Küstenverlauf. Dagegen ist der Nil ziemlich genau festgehalten. Allgemein glaubten die Gelehrten des Mittelalters eher an Herodots als an Ptolemäus' Theorien, was den Erkenntnissen vom Bild der Erde nicht gerade dienlich war.

de Tyr und Diogenes. Anhand dieser Hinweise erstellt Ptolemäus eine Karte, auf der hohe, schneebedeckte Berge, die Mondberge, abgebildet sind. Nördlich von ihnen erstrecken sich Seen, aus denen ein Fluß entspringt; flußabwärts mündet in der Nähe von Meroe ein weiterer Zufluß in den Nil, dessen Quelle ebenfalls in einem See liegt. Wider Erwarten bestätigen die geographischen Entdeckungen des 19. Jahrhunderts „dieses anfangs so unglaubwürdige Schema" (Deschamps). Damit haben die Alten schon das Wesentliche der Gestaltung des Niloberlaufs erfaßt: die Existenz hoher Berge, die Rolle der Quellseen und das Bestehen eines rechtsseitigen Nilzuflusses. Dieser Zufluß erschwert jedoch die Nachforschungen außerordentlich, da es eigentlich zwei Flüsse zu erforschen gilt: den Weißen Nil, der im Herzen von Afrika entspringt, und den Blauen Nil, dessen Quelle sich in Äthiopien befindet. Zudem hat Diogenes schon begriffen, daß es unmöglich ist, den Nil von seiner Mündung her zurückzuverfolgen. Dagegen ist die Suche von der Küste des Indischen Ozeans aus erfolgversprechender.

Der Blaue Nil ist kürzer als der Weiße Nil und gibt weniger Rätsel auf. Er kommt von der Äthiopischen Hochebene, der er fruchtbare Erde und Mineralien entreißt. So entstehen Tonnen von Schlamm, die der Fluß auf dem ägyptischen Uferland zurückläßt und dank derer es in den Oasen, mitten in der Wüste, grünt und blüht.

Erforschung des Nils im Zeitalter der Aufklärung

James Bruce, ein Mann der Aufklärung, unterhält eine rege Korrespondenz mit zahlreichen Gelehrten. Unter ihnen befindet sich auch der Franzose Georges Louis Leclerc, Graf von Buffon. Nachdem Bruce seine Forschungsinstrumente auf hoher See verloren hat, schickt Buffon ihm neue hinterher.

Ein Vorläufer der ersten, sowohl vom Wunsch nach Prestige als auch von wissenschaftlichem Interesse getriebenen, Forscher ist James Bruce, ein schottischer Aristokrat, der sich leidenschaftlich für die Entdeckung unbekannter Welten begeistert.

Nachdem er in Nordafrika das Amt des Konsuls bekleidet hat, reist er 1770 nach Äthiopien (damals Abessinien), wo er die Nilquellen zu entdecken hofft. Er lernt die Sprache Gees und den Umgang mit Forschungsinstrumenten. Von der Westküste des Roten Meeres aus, wo der Forscher an Land geht, wendet er sich nach Gondor, der Hauptstadt eines mächtigen äthiopischen Reiches, in dem zu jener Zeit jedoch politische Unruhen herrschen. Zunächst genießt er einen Aufenthalt am Hofe des Negus, um die dortige Lebensweise zu studieren, dann reist er zum Tanasee, einem Vulkansee, der die beeindruckenden Tisisatfälle speist. Da James Bruce davon überzeugt ist, daß der so entstehende Fluß der Nil ist, verfolgt er den Lauf des Petit-Abbay, eines in den See fließenden Flüßchens, zu dessen Quellen zurück. Dort erklärt er seinen Sieg und bekräftigt vor der europäischen Öffentlichkeit, die Nilquellen entdeckt zu haben. In Wirklichkeit hat er jedoch lediglich die Quellen des Blauen Nils (oder des Al Bahr Al Asrak), des Nilhauptzuflusses, gefunden.

Die dennoch unbestrittene Leistung wird dadurch relativiert, daß bereits 150 Jahre vor der Expedition von J. Bruce, bereits im Jahre 1617, zwei Jesuiten, Paez und Alvares, als erste Europäer zu den Quellen des Blauen Nils vorgedrungen waren. Bruce versucht, auf diese Vorgänger ein schlechtes Licht zu werfen, zumal er als überzeugter Protestant nur Geringschätzung für die „Handlanger“ Roms empfindet. Zu dieser religiösen Differenz kommt ein patriotischer Aspekt hinzu: Was für eine Demütigung, von Portugiesen übertroffen worden zu sein, wo er doch seine „Entdeckung“ seinem König George III. gewidmet hat!

Nach den portugiesischen Jesuiten reiste der französische Arzt Jacques Charles Poncet an den Tanasee. Er wurde 1698 von Ludwig XIV. in diplomatischer Mission entsandt; leider nahm man aber seine Hinweise zur Region nicht ernst.

Bruce ist eher wegen seiner literarischen und ethnographischen Qualitäten als wegen seiner Entdeckertalente von Interesse: In seinem 1790 veröffentlichten Werk „Travels to Discover the Sources of the Nile“ beschreibt er präzise die Gewohnheiten und Bräuche der Äthiopier, um zu dem Schluß zu kommen, daß trotz der scheinbaren Exotik der beschriebenen Lebensart „der Mensch überall derselbe ist“. Sein Werk mit vielen Illustrationen zu Flora und Fauna bleibt eine hervorragende

Informationsquelle zur Geschichte dieses Landes.

Frédéric Cailliaud und die ägyptische Expedition

Die Europäer sind nicht die einzigen, die sich über den Verlauf des Nils südlich des Sudanbeckens Fragen stellen. Zwischen 1820 und 1822 entsendet der ägyptische Pascha Mehmed Ali eine Expedition zur Erforschung des Nils, der sich auch der Franzose Frédéric Cailliaud anschließt. Am Mündungsort des Blauen Nils bestätigt Cailliaud, daß dieser ein Zufluß des eigentlichen Nils sei. Die Expedition verfolgt den Flußlauf oberhalb von Gondokoro nicht mehr weiter. Die Quelle des Weißen Nils befindet sich jedoch noch Tausende von Kilometern weiter südlich.

Die Öffnung des Suezkanals im Jahre 1869 ermöglichte einen durchgängigen Frachttransport vom Mittelmeer zum Roten Meer und erleichterte den Europäern auch die Beherrschung Ostafrikas. Ab 1875 war die britische Regierung der Hauptaktionär des Kanals, da er den Weg von England nach Indien um mehr als 8 000 km verkürzte.

Englands wachsende Bedeutung als Kolonialmacht

Etwa in der Mitte des 19. Jahrhunderts entschließt sich Großbritannien zu einer stärkeren Kontrolle der ostafrikanischen Küste, denn dies könnte den Briten ermöglichen, ihren Machtbereich „von Kairo bis zum Kap“ zu festigen. Ab 1856 wächst der englische Einfluß auf der Insel Sansibar, die infolge britischen Drucks für unabhängig erklärt wird.

1857 begeben sich zwei britische Offiziere auf die Suche nach den Nilquellen. Sie reisen im Auftrag der *Royal Geographical Society* (RGS) und des Foreign Office. Es handelt sich somit um eine offizielle Mission und nicht mehr um eine private Initiative: Die ehrenwerte Royal Geographical Society ist die unmittelbare Erbin der African Association, die schon 1795

Frédéric Cailliaud, ein Archäologe und Geologe, wird nach anfänglichen Schwierigkeiten von den Ägyptern akzeptiert und kann unbehindert seinen Studien nachgehen. Neben seinen geologischen Studien interessiert er sich für die Ruinen der ausgestorbenen Zivilisation von Meroe, die Tierwelt und die Nilvölker (hier in traditionellen Gewändern dargestellt).

Mungo Park entsandt hatte, um den Lauf des Nigers in Westafrika zu erforschen. Zur Leitung der Expedition zu den Quellen des Nils wählt man John Hanning Speke und Richard Burton, beides Offiziere der Indienarmee, die sich schon bei ähnlichen Einsätzen bewährt haben.

Die erste Expedition von Richard Burton und John Hanning Speke

Am 16. Juni 1857 reisen die beiden Männer von Bagamoyo ab, das gegenüber der Insel Sansibar auf dem afrikanischen Festland liegt. Burton organisiert die Expedition nach dem Modell arabischer Karawanen. Es werden über 100 Träger für den Transport von Waren, wie zum Beispiel Stoffrollen, Glasperlen und Messingdraht, engagiert. Diese Dinge werden zur Bezahlung der Wegerechte benötigt. Hinzu kommen eine bewaffnete Eskorte von 30 Mann und Said bin Salim, ein vom Sultan von Sansibar empfohlener arabischer Führer.

Die Expedition beginnt mit Schwierigkeiten: Da die Anzahl der Träger sehr gering ist, sind sie schon bald überlastet. Die doppelte Finanzierung durch die RGS und das Foreign Office reicht nicht aus, um die von dem Expeditionsleiter geforderten 175 Mann zu bezahlen. Zudem verzögert schlechtes Wetter die Abreise.

134 Tage benötigt die Truppe allein, um nach Kazeh zu gelangen. Sie schlägt dazu den Weg ein, den sich Händler, Araber und Swahili, zum Sklaven- und Elfenbeintransport bis zur Küste bahnten. Schnell strapaziert die Durchquerung von Sümpfen, Wüsten und Gebirgen die Gesundheit der beiden Europäer. Sie erkranken

an Malaria, die Burton das „Sumpffieber“ nennt, müssen in Hängematten transportiert werden und sehen sich zu einem längeren Aufenthalt in Kazeh gezwungen, um Kraft zu schöpfen. Anschließend setzt die Expedition ihre Reise in Richtung Westen fort, obwohl ein Araber Burton rät, sich an dem nördlich gelegenen See namens Nyanza zu orientieren.

Die beiden Männer sind seit acht Monaten unterwegs, als sie schließlich am 13. Februar 1858 als erste Europäer den Tanganjikasee erblicken. Ihre Krankheit zwingt sie, in Ujiji, einer Handelsstadt am Seeufer, Rast zu machen; Speke erblindet kurzzeitig infolge einer Augenentzündung, und Burton, den ein Abszeß an der Zunge hindert, sich normal zu ernähren, ist beinahe gelähmt.

Trotz dieser widrigen Umstände erkunden sie den nördlichen Teil des Tanganjikasees, um die Mündung des Flusses zu finden, der aus ihm entspringen soll. Dabei stellen sie aber fest, daß der Ruzizi nicht etwa aus dem See heraus-, sondern in ihn hineinfließt. Zudem meint Speke, daß der See ohnehin zu niedrig liegt (772 m), um den Nil speisen zu können. Auf hochgeschraubte Erwartungen folgt also eine herbe Enttäuschung.

John Hanning Speke (1827–1864), ein großer Raubkatzenjäger, ist auch in Botanik und Geologie ausgebildet. Dank seiner Expeditionen zum Himalaja und nach Tibet entwickelt er Geschmack am Abenteuer sowie einen außergewöhnlichen Entdeckerinstinkt; leider sind seine literarischen Fähigkeiten weniger brillant, wie sein Nachlaß zeigt.

Sir Richard F. Burton (1821–1890) wird unwiderstehlich vom Orient angezogen. Für ihn sind Ziele, die als unerreichbar gelten, attraktive Herausforderungen. Zuerst hält er sich in der Verkleidung eines afghanischen Pilgers in Mekka auf; später lebt er unentdeckt in Harar, einer verbotenen ostafrikanischen Stadt. Seine Beobachtungsgabe wird im Laufe dieser Reisen geschärft, und als Sprachgenie erweitert er sein Repertoire auf mehr als 30 Sprachen – darunter Arabisch und Hindi. Er veröffentlicht sogar eine Übersetzung von „Tausendundeine Nacht". Diesem maßlosen Ehrgeiz entspricht Burtons Charakter: Er ist über die Maßen anspruchsvoll, autoritär, stolz und jähzornig. Zudem verletzt er die bestehenden Normen, was zur Folge hat, daß er als bescheidener Diplomat in Triest endet, von aller Welt vergessen.

Spekes Alleingang

Im Mai brechen Speke und Burton wieder auf und machen von neuem in Kazeh Halt. Die Beziehung der beiden Männer hat sich in der Zwischenzeit beträchtlich verschlechtert; infolge ihrer körperlichen Erschöpfung reagieren sie gereizt, und die Unverträglichkeit ihrer äußerst unterschiedlichen Charaktere nimmt drastische Formen an. Speke beschließt daher, allein in den Norden zu ziehen, um auf eigene Faust einen weiteren See zu suchen. Burton soll inzwischen genesen und Informationen über die Gegend zusammentragen.

Als Speke am 3. August 1858 in Mwanza ankommt, entdeckt er ein wahres Binnenmeer: Der größte See Afrikas (68 000 km^2) breitet sich vor seinen Augen aus. Absichtlich ignoriert er dessen afrikanischen Namen und nennt ihn zu Ehren seiner Königin Victoriasee. Ohne sich die Zeit zu nehmen, den Umfang des Sees genau zu erkunden, fährt er nach Kazeh zurück und gibt bekannt, daß er die Nilquelle lokalisiert hat. Es handelt sich eigentlich erst um eine Vermutung, die sich später als richtig erweisen wird. Burton aber bedient sich der härtesten Worte, um diese

„Es gibt nichts Ergreifenderes als diesen ersten Anblick des Tanganjikasees, der träge im Schoß der Berge liegt und sich an der Tropensonne wärmt. Jenseits eines grünenden Saums breitet der See auf einem Raum zwischen zwanzig und fünfundzwanzig Meilen seine blauen Wasser aus, auf denen der Ostwind Gischtkräusel formt. Um mit den schönsten bekannten Orten konkurrieren zu können, fehlen diesem Gemälde nur noch Villen und Gärten, wo sich das Auge von den Überschwenglichkeiten der Natur erholen kann. Ich vergaß alles: Gefahren, Erschöpfung, Ungewißheiten der Rückreise.“
Sir R. F. Burton

Behauptung ins Lächerliche zu ziehen; er ist von nun an der Überzeugung, daß man den Ursprung des Flusses beim Kilimandscharo suchen muß.

Im Februar 1859 trennen sich die beiden nun verfeindeten Forscher auf Sansibar. Speke kehrt nach England zurück und teilt gegen sein Versprechen der Royal Geographical Society seine Entdeckung mit. Die Begeisterung entspricht dem Ereignis. Ein Rätsel aus uralten Zeiten soll nun geklärt worden sein! Burton, der vom Ruhm ausgeschlossen bleibt, ist verärgert und veröffentlicht seinerseits seinen Reisebericht „The Lake Regions of Central Africa", der reich an ethnographischen und topographischen Informationen ist. Zwischen den einstigen Reisegefährten beginnt eine erbitterte Kontroverse, die zu einem unversöhnlichen Bruch führt.

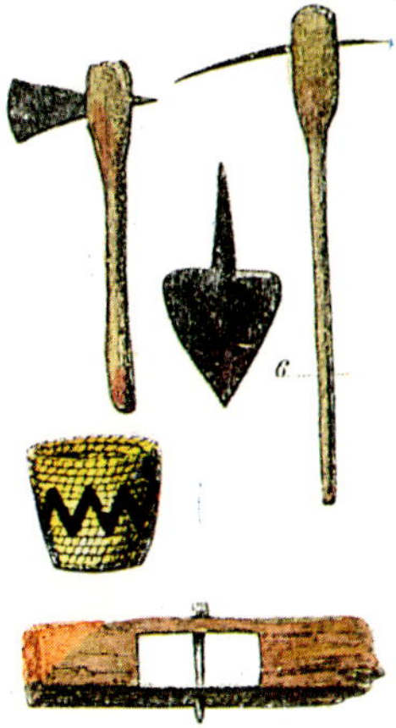

Dank der Lasttiere können die Forscher wenigstens ihre Füße schonen, doch Burton hat nur Spott für die nützlichen Esel übrig: „In Afrika kommen zum sprichwörtlichen Starrsinn des Esels die vier Erbsünden der Paarhufer hinzu: Er strauchelt, er erschrickt, bäumt sich auf und reißt aus. (...) Er schlägt aus, dreht sich im Kreis, geht durch, tut sich wichtig und nimmt dann wieder Haltung an."

Speke gewinnt die Royal Geographical Society für einen weiteren Forschungsauftrag.

Die heftige Debatte der beiden Kontrahenten inspiriert die Geographen; berühmte Forscher beteiligen sich an dem Streit, wie David Livingstone, der zu Unrecht Burtons Position unterstützt.

Speke beschließt daraufhin, ein weiteres Mal aufzubrechen, da er meint, nur so seine Kritiker restlos überzeugen zu können. Sir Roderick J. Murchison, der damalige Präsident der Royal Geographical Society, bewilligt ihm 2 000 Pfund zur Finanzierung seiner Expedition.

Da Speke durch die Erfahrungen mit Burton vorsichtig geworden ist, wählt er nun zu seiner Begleitung den umgänglicheren James Augustus Grant, der ebenfalls Offizier in Indien gewesen ist. Die Karawane besteht dieses Mal – zumindest am Anfang – aus 176 Trägern; bei der Ankunft sind es allerdings nur noch 18; die meisten desertieren wegen unerträglicher Arbeitsbedingungen.

Im Oktober 1860 reist Speke von Sansibar ab und erreicht Kazeh problemlos auf demselben Weg wie 1857. Von dort aus begibt sich die Karawane in die Nähe des Nyanzasees (oder Victoriasees), in dessen Nordwesten sich das Reich Buganda befindet, das von König Mutesa I. regiert wird.

Speke und Grant beschließen, sich zu trennen. Letzterer setzt seine Reise in Richtung Norden nach Bunyoro fort, einem zwischen den Seen gelegenen zentralistischen Staat, während Speke sich leicht östlich hält und dabei dem Seeufer folgt.

Mutesa I., ein umstrittener wie bewunderter Herrscher

Am 28. Juli 1862 gelangt er an das nördliche Ende des Victoriasees und entdeckt dort, so wie es ihm geschildert wurde, gewaltige Wasserfälle: Damit lokalisiert er exakt die

Die Zusammenarbeit von Speke und Grant gestaltet sich harmonischer als die zurückliegende Verbindung Speke und Burton. Dank seiner Erfahrungen kann Speke die Führung einer erfolgreichen Expedition übernehmen; Grant beginnt seine Laufbahn mit der Entdeckung des Kagera, dem Hauptzufluß des Victoriasees.

Stelle, an der der legendäre Nil dem See entspringt. Speke bestätigt so seine Vermutung aus dem Jahre 1857: Der Nil entspringt tatsächlich aus dem Victoriasee. Zu Ehren der Royal Geographical Society benennt er die Wasserfälle nach ihrem Präsidenten Ripon.

Die Versuchung ist groß, die Gegend gründlicher zu erforschen. Doch die Zeit drängt, da die beiden Engländer

„Die Expedition hatte endlich ihr Ziel erreicht. Ich sah den alten Nil aus dem Victoria Nyanza fließen. Ich überzeugte mich davon, daß dieser große See, ganz wie ich es vorhersah, den Ursprung des heiligen Flusses darstellt, der das Kind Moses trug.“
J. H. Speke an den Riponfällen

einen Konvoi mit Proviant am Nilufer von Gondokoro, einer Stadt des Sklaven- und Elfenbeinhandels, in Empfang nehmen müssen. Speke begibt sich nach *Bunyoro*, wo Grant mehr oder weniger von dem Herrscher Mukama Kamrasi festgehalten wird.

Gemeinsam mit den Männern, die ihnen bis zum Schluß die Treue gehalten haben, durchqueren sie anschließend Ägypten und telegraphieren die Nachricht von Kairo aus nach London: „Die Nilfrage ist gelöst!“

Genaugenommen ist diese Behauptung nicht ganz richtig, denn die Riponfälle sind nicht die Nilquelle; um sie zu finden, muß man den Flußlauf, der den See speist, noch weiter zurückverfolgen.

Um den Meinungsstreit der Afrikaforscher endgültig zu beenden, organisiert die RGS eine Begegnung zwischen Speke und Burton. Am Vorabend des geplanten Treffens im September 1864 stirbt Speke jedoch bei einem Jagdunfall, der von manchen als Selbstmord gedeutet wird. Dieses Ereignis stiftet Verunsicherung und bestärkt David Livingstone in der Meinung, daß Speke unrecht hatte.

In Wirklichkeit haben Speke und Grant nur ein kleines Teilstück des geographischen Puzzles Zentralafrika entdeckt.

Spekes Entdeckung kommt nicht allen gelegen: Ein Brite namens Sir Samuel White Baker hofft, sich ebenfalls in diesen Regionen ein Quentchen Ruhm zu verdienen.

Bei ihrer Rückreise treffen Speke und Grant in Gondokoro auf Baker und dessen spätere Frau

Florence. Diese unerwartete Begegnung ist keineswegs zufällig.

1863 wird John Petherick, der englische Konsul von Khartum, von der RGS beauftragt, die als vermißt geltenden Forscher suchen zu lassen. Er wählt dafür Samuel Baker, der wie Speke und Grant ein ehemaliger Indienoffizier ist und über die notwendigen Ortskenntnisse und Expeditionserfahrungen verfügt. Mit kleinen Dampfschiffen reisen Baker und seine Begleiterin auf dem Nil bis nach Gondokoro. Dort erfahren die Forscher, daß nordwestlich vom Victoriasee ein zweiter See namens Luta Nzigue existieren soll. Voller Begeisterung und Hoffnung begibt sich Baker trotz aller Widrigkeiten des Klimas und der Landschaft auf die Suche nach diesem See, wobei er mit seiner Begleiterin in einem Jahr kaum 250 km zurücklegt! Beide werden auf eine harte physische und psychische Probe gestellt.

Um überhaupt noch vorwärts zu kommen, sind sie gezwungen, sich einer langsamen Karawane anzuschließen. Fieberkrankheiten werden aus Mangel an Chinin immer bedrohlicher; die Nahrungsmittelreserven gehen zur Neige, und von den Lasttieren stirbt eines nach dem anderen. An eine unproblematische Rückkehr ist längst nicht mehr zu denken.

„Am Ufer des Flusses, an dem mehrere Schiffe vertäut waren, sahen wir von weitem, wie eine Person sich näherte. Wir hielten ihn auf den ersten Blick für denjenigen, den wir besuchen wollten; einen Augenblick später wurden mir dann durch einen herzlichen Handschlag meines alten Freundes Baker die Augen geöffnet. Kaum vermag ich die Gefühle bei einer solchen Begegnung wiederzugeben.“

J. H. Speke in Gondokoro

Ausgesprochen herzlich war der Empfang der Royal Geographical Society anläßlich der Rückkehr von Speke und Grant, die mit einer Medaille vor einem Publikum begeisterter Honoratioren geehrt wurden. Die Gesellschaft organisierte Festabende unter dem Motto „Afrika“, die vor allem dann großen Anklang fanden, wenn berühmte Reisende anwesend waren.

Bakers Glorifizierung der Kolonialherrschaft

Samuel W. Baker wird 1821 als Sohn einer sehr wohlhabenden Familie geboren. Er wird von Hauslehrern und nicht in einer der berühmten Public Schools unterrichtet, wie es für den Nachwuchs der Kolonialherren sonst üblich ist. Bildungsideale wie Humanismus und Toleranz bleiben ihm fremd. Angezogen von allem, was mit Waffen, sportlichem Wettkampf und Jagdpartien zu tun hat, reist er lange vor seinem Afrikaabenteuer nach Ceylon und auf den Balkan. Die englische Vorherrschaft über viele Länder interpretiert er als Beweis für die Überlegenheit seiner Rasse: Noch vor der Entwicklung der rassistischen Theorien des 19. Jahrhunderts ist er fest davon überzeugt, daß die Angelsachsen die Elite der Menschheit darstellen. Entsprechend sind seine Berichte von Rassismus geprägt und dienen vor allem der Glorifizierung englischer Kolonialherrschaft. Während seiner Expeditionen in Afrika versucht er sich auch als Künstler, wie diese Gemälde (s. auch S. 60/61) zeigen.

Florence, die Begleiterin und spätere Ehefrau Bakers, zeichnet sich durch eine außergewöhnliche Biographie aus: Die gebürtige Ungarin wird als junge Frau gefangengenommen und auf einem Sklavenmarkt in der Türkei feilgeboten. Dort wird sie von Baker ersteigert und weicht von da an nicht mehr von seiner Seite. Immer wieder lobt er ihren Mut und ihre Gelassenheit.

Die von den Bakers bestätigte Existenz eines zweiten großen Binnensees schafft weitere Komplikationen.

Schließlich gelangen sie nach Mrooli, der Hauptstadt von Bunyoro, wo sie der Regent Kamrasi mit großen Ehren begrüßt. Zunächst will er sie nicht mehr weiterreisen lassen, weil er vermutet, daß die Bakers aus geheimen politischen Gründen angereist sind. Aufgrund des im Reich herrschenden Dynastiestreits verdächtigt er sie, daß sie die von ihnen transportierten Waffen seinem Rivalen zuspielen könnten. Kamrasis Mißtrauen geht eindeutig aus den mündlichen Überlieferungen hervor, die zu Beginn des 19. Jahrhunderts aufgezeichnet worden sind: „Er wußte, daß der Fremde log, denn man verläßt nicht sein Land und seine Angehörigen, nur um unter Gefahren und Erschöpfung eine Wasserfläche zu bewundern."

Für Baker ist es schwer erträglich, von der Entscheidungsgewalt eines Afrikaners abhängig zu sein. Die Beziehungen sind daher äußerst angespannt. Schließlich können die Bakers Bunyoro aber doch verlassen und reisen mit ihrer kleinen Karawane westwärts. Am 14. März kommen sie an das Ufer eines weiteren Sees, der den Weißen Nil speist. Es ist der bekannte Luta Nzigue, der nach dem verstorbenen Gatten der Königin Victoria Albertsee genannt wird. Baker nimmt an, damit die zweite Quelle des Nils vor sich zu haben. Denn schließlich

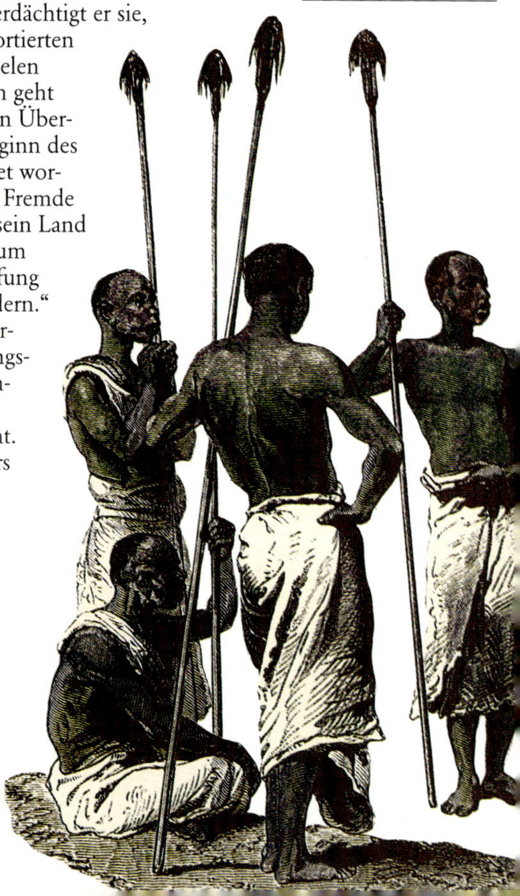

„Der brutale harte, erbarmungslose Afrikaner hat nicht diesen Glauben an Gott, diesen heiligen Instinkt, den die Natur in unseren Herzen verankert zu haben scheint. Wegen der erdrückenden Hitze neigen die entkräfteten Eingeborenen eher dazu, sich auszuruhen und sich zu vergnügen, anstatt zu arbeiten. Da ihr Geist vor kein Problem gestellt ist, kümmert er vor sich hin und nähert sich schließlich dem gänzlichen Erlöschen. Mangel an Fleiß und Verweichlichung des Charakters führen zu einer Vorliebe für Wohlstand und Luxus."
Samuel W. Baker

läßt sich nicht lokalisieren, an welcher Stelle genau der große Fluß von dem See gespeist wird.

Die Entdeckung des Albertsees vergrößert die Verwirrung, die in bezug auf die Nilquellen herrscht. Gibt es etwa mehrere von ihnen?

Das Paar beschließt, nach England zurückzukehren. Da die Träger desertieren, gelingt es den Bakers lediglich dank Kamrasis Hilfe, ihre beschwerliche Heimreise anzutreten. Im Mai 1865 kommen sie in Khartum an; von dort reisen sie nach Kairo und dann weiter nach England, wo sie schließlich nach vielen Monaten an Land gehen. 1866 veröffentlicht Baker den Bericht „The Albert Nyanza", eine sehr ausführliche Schilderung seiner Entdeckungen, und beschreibt die kleinsten Begebenheiten mit höchster Präzision. Bei seinen Beobachtungen läßt er jedoch die Afrikaner weitgehend außer acht. Er ist erstaunlich unzugänglich

für die zentralafrikanischen Kulturen und wiederholt lediglich seine Vorurteile über den angeblich barbarischen und wilden Charakter der Völker der Seegebiete.

Bakers Zeitgenossen schätzen seine Qualitäten als Forscher, und Königin Victoria adelt ihn. Florence Baker aber kommt nicht in den Genuß dieser offiziellen Würdigung: Nie würde die Königin eine Frau empfangen, die vor ihrer Heirat einem Mann bis ans Ende der Welt gefolgt ist!

Der Schlüssel zum Geheimnis

Alle Entdecker stehen vor dem gleichen Problem: Die immense Größe der Seen erlaubt es nicht, auf Anhieb festzustellen, zu welchem Gewässernetz sie gehören. Man müßte sie umgehen können, um zu erkennen, welche Wasserläufe zu- oder abfließen. Auch Spekes Theorien enthalten weiterhin einige ungeklärte Stellen. Die Quellen des Weißen Nils, die sich oberhalb des Victoriasee befinden, müssen noch lokalisiert werden. Außerdem ist zu klären, ob der Albertsee wirklich eine zweite Nilquelle darstellt.

In den siebziger Jahren versuchen zunächst David Livingstone und dann Sir Henry Morton Stanley, diese Fragen zu lösen: Ersterer stirbt, ohne daß er sein Ziel erreicht hätte, denn er sucht zu weit südlich, in der Gegend des Tanganjikasees. Stanley hingegen bestätigt im Mai 1875

„In aller Eile erklomm ich den Gipfel, und plötzlich breitete sich der Preis unserer Anstrengungen vor meinen Augen aus: Weit unter mir erstreckte sich der See wie ein leuchtendes Silbermeer, das den Horizont im Süden und Südwesten begrenzt und unter den Sonnenstrahlen des Mittags glänzt. Es ist mir unmöglich, die Siegesgefühle zu beschreiben, die ich empfand; ich sah die Belohnung all meiner Arbeit, all der Jahre, während derer ich hartnäckig meine Forschungen in Zentralafrika verfolgt habe. (...) Bruce entdeckte die Quellen des Blauen Nils; Speke und Grant haben die Victoriaquelle des Weißen Nils gefunden; mir war es vergönnt, diese Entdeckung durch die des Albert Nyanza (Albertsee) zu ergänzen."

Samuel W. Baker

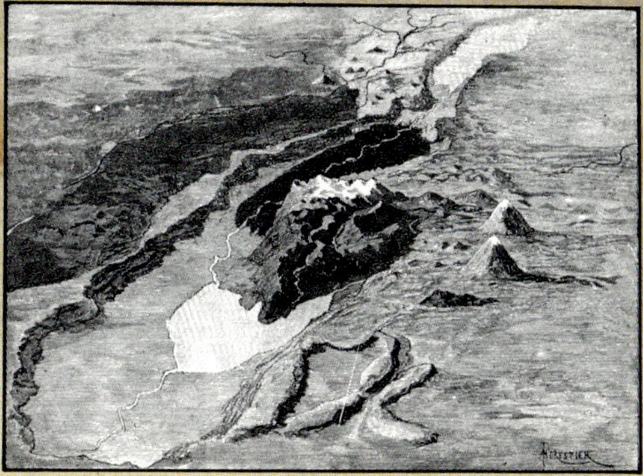

Spekes Entdeckung, indem er die Riponfälle anerkennt. Er erstellt die erste realistische Karte vom Victoriasee.

Sir Henry M. Stanley, der sich schon einige Jahre zuvor durch das Auffinden Livingstones in Afrika einen Namen gemacht hat, hält sich mehrere Monate in der Gegend auf. Er ist mit dem Herrscher von Buganda, Mutesa I., befreundet. Beide schätzen sich persönlich und bringen sich Vertrauen entgegen. Dank der Hilfe des Herrschers entdeckt Stanley weitere Gewässer, den Edward- und dann den kleineren Georgesee. Er erblickt auch die berühmten Mondberge, die Höhenkette des Ruwenzori, deren Gipfel vom ewigen Schnee bedeckt bleiben und mehr als 5 000 m hoch sind: Ptolemäus hatte also recht!

Es gibt also mehrere Nilquellen: Die südlichste von ihnen befindet sich unweit vom Tanganjikasee; zudem werden mehrere Quellen im heutigen Ruanda und Burundi lokalisiert. Der Nil speist sich damit aus dem Blauen Nil und aus mehreren Armen des Weißen Nils. Es ist kaum verwunderlich, daß die Menschheit angesichts dieser geographischen Komplexität so viele Jahrhunderte gebraucht hat, um zu erkennen, wo der heilige ägyptische Fluß entspringt.

„Der Ruwenzori ist seit drei Tagen sichtbar. Diese schneebedeckte (...) Kette, die ihre Farbe je nach Tageszeit wechselt, stellt einen herrlichen Anblick bis zum Sonnenuntergang und sogar noch in der schwarzen Nacht dar. Es steht uns nicht an, mit dieser Entdeckung zu prahlen, denn vor uns hatten schon andere Reisende sehr klare Vorstellungen von dem Ursprung des Nils, und sie wußten von den Mondbergen, den drei Seen und den Quellen, aus denen der große ägyptische Fluß entsteht."

H. M. Stanley

THE LIFE & EXPLORATIONS
OF
Dr. LIVINGSTONE
BORN AT BLANTYRE, MARCH 19, 1813
DIED IN CENTRAL AFRICA, MAY 4, 1873
AFRICA

Drittes Kapitel

LIVINGSTONES MISSION IN SÜDAFRIKA

Ich schreibe diesen Bericht mit dem innigen Wunsch nieder, zur Öffnung des afrikanischen Territoriums beizutragen, das den europäischen Unternehmen unsinnigerweise verschlossenen ist, damit diese so fruchtbaren und weiten Gebiete endlich für den Unternehmungsgeist erschlossen werden. Zudem hege ich die Hoffnung, daß mein Bericht dazu auffordern möge, das Evangelium in jenen unlängst noch unbekannten Gegenden zu verbreiten."

Handelt es sich um eine religiöse, „zivilisierende" oder geographische Mission? Livingstone bemühte sich, allen diesen Aufgabenbereichen, hinter denen unterschiedliche Interessengruppen stehen, gerecht zu werden.

In der Mitte des 19. Jahrhunderts ist Südafrika die von den Europäern besterschlossene Region. Schon ab dem 17. Jahrhundert lassen sich nämlich Holländer am Kap nieder, die von dem günstigen Klima angezogen werden. Als sie im darauffolgenden Jahrhundert in Richtung Osten ziehen, stoßen sie mit den *Bantus* zusammen, deren Ländereien sie plündern.

Zu Beginn des 19. Jahrhunderts übernehmen die Engländer die Herrschaft am Kap. Da sie an den britischen Erlaß zur Abschaffung des Sklavenhandels gebunden sind, sind sie nicht an Sklaven, sondern an Lohnarbeitern interessiert. Die *Buren*, die immer noch Sklaven in der Landwirtschaft einsetzen, sind damit nicht einverstanden. Sie dringen in das Landesinnere vor, um dem Zugriff der Engländer zuvorzukommen. Ab den dreißiger Jahren des 19. Jahrhunderts siedeln sich die Buren zunächst in Natal, dann im *Transvaal* und in *Oranje* an.

David LIVINGSTON

Appt. 1840 - Retd. 1857 - D

Register No. 432

South Africa

In die Zeit politischer Spannungen fällt David Livingstones Ankunft.

1840 kommt David Livingstone in Südafrika an; er wird von der Londoner Missionsgesellschaft in seiner Funktion als Arzt und Missionar entsandt.

Nichts scheint ihn für eine außergewöhnliche Karriere zu prädestinieren. Als Kind einer armen schottischen Familie ist Livingstone gezwungen, ab dem Alter von zehn Jahren in einer Baumwollfabrik zu arbeiten. Trotz langer Arbeitszeiten findet er die Zeit zu lesen und sich weiterzubilden, erhält ein Stipendium in Glasgow und erwirbt einen Doktortitel in Medizin und Theologie. Als er im Alter von 27 Jahren den afrikanischen Kontinent betritt, ist er davon überzeugt, mit der Verbreitung des Evangeliums einen göttlichen Auftrag zu erfüllen. Er gelangt nach Kuruman, in Betschuanaland, dem heutigen Botsuana, wo Pfarrer Robert Moffat schon eine Station aufgebaut hat. Aber die Buren, die sich England entgegenstellen, sehen diese Missionare nicht mit Wohlwollen; nach einigen Jahren Widerstand beschließt Livingstone, der inzwischen Moffats Tochter geheiratet hat, das von den Buren zerstörte Kuruman zu verlassen.

873 Eigentlich findet sich der künftige Forscher gut mit dieser erzwungenen Abreise ab, denn als Mann, der die Unabhängigkeit liebt, zieht er die Evangelisierung noch unerforschter Regionen vor. Er reist in Richtung Norden und durchquert mit seiner Familie in einem großen

„Was mich betrifft, so wurde ich im Alter von zehn Jahren als Anknüpfer in eine Fabrik geschickt. [Abends] arbeitete ich mit meinem Wörterbuch bis Mitternacht; am nächsten Morgen mußte ich um sechs Uhr wieder in der Fabrik sein. Dort blieb ich bis acht Uhr abends ohne weitere Unterbrechung als die, die man zum Mittag und Abendessen benötigt."

„Nach einer dreimonatigen Reise gelangte ich 1840 nach Kapstadt. Ich blieb dort nur sehr kurze Zeit, denn ich wollte weiter zur Algoabucht, um von dort aus ins Landesinnere vorzudringen. Ich reiste in einem von zwei Ochsen gezogenen Wagen."

D. Livingstone

Wagen mit Ochsengespann zunächst die beeindruckende Kalaharisteppe.

Im Juli 1849 gelangt er in ein Sumpfgebiet, das in starkem Kontrast zu der vorher durchquerten wüstenhaften Ebene steht. Als erster Europäer erblickt er am 1. August 1849 den Ngamisee, wofür er später von der Royal Geographical Society geehrt wird. Livingstone ist von seiner Anerkennung als Amateurforscher so begeistert, daß er beschließt, nun hauptberuflich Forscher zu werden, wozu er sich grundlegende Kenntnisse autodidaktisch aneignet.

Auf seiner gefährlichen Expedition sieht sich Livingstone gezwungen, seine Familie zurückzulassen.

Ab 1851 beginnt Livingstone eine Reihe von Expeditionen, neben denen sich die Reise zum Ngamisee wie ein netter Familienausflug ausnimmt! Zunächst läßt er sich am Mittellauf des Sambesi bei den Kololos nieder. Livingstone nützt die Gelegenheit, um die Gegend zu erkunden und bis nach Sesheke vorzudringen, wo er im Juni 1851 ankommt. Seine Familie ist noch an seiner Seite. Mary ist schwanger; von den drei Kindern, die sie schon auf afrikanischem Boden zur Welt gebracht hat, leidet eines am Fieber und ein Säugling stirbt während der Reise. Livingstone ist sich der Gefahren bewußt, denen er seine Familie aussetzt. Da sie ihn außerdem bei seinen Aufgaben eher behindert, zieht er es vor, sie ans Kap zurückzubegleiten, von wo aus sie nach England zurückreisen kann. Diese Entscheidung gibt uns über das Ausmaß seines Ehrgeizes Aufschluß; er opfert sein Familienleben dem Ziel, das er sich in Afrika gesteckt hat.

Von da an kann er großangelegte Expeditionen in Angriff nehmen. Er will einen Weg vom Sambesi zur Westküste abstecken, der es ermöglicht, die Territorien der Buren zu umgehen. Die geplante Strecke beträgt 1800 km!

Joseph Thompson (links) erforscht in der Zeit von 1879 bis 1890 das Gebiet zwischen dem Sambesi und den großen Seen. Der ausgebildete Geologe macht weniger wegen seiner Entdeckungen (trotz einer Reise von 5000 km) als vielmehr wegen seiner Methode von sich reden: Er bemüht sich unablässig, seine Leute zu schonen, friedlich vorwärtszukommen und Ärger aus dem Weg zu gehen.

Die erste Durchquerung des Kontinents vom Sambesi zur Westküste

Sein Ausgangspunkt ist Linyanti, die Hauptstadt der Kololos. Dank der Hilfe ihres Oberhauptes Sekeletu gelingt es ihm, einen kleinen Expeditionstrupp zusammenzustellen.

Da nur wenig Material transportiert werden muß, besteht die Truppe aus nur 27 Mann. Neben Lebensmitteln und Waffen will Livingstone vor allem verschiedene Instrumente wie Sextanten, Thermometer, Kompaß, Teleskop und sogar eine *Laterna magica* mitnehmen, um bei Gelegenheit Szenen aus der biblischen Geschichte projizieren zu können! 1853 bricht die Gruppe von Linyanti aus in Richtung Nordwesten auf.

Anfangs wird die Reise zu Wasser unternommen, was für Livingstone wegen der geringeren Malariagefahr vorteilhaft ist. Er läßt es sich nicht nehmen, bei jeder Rast

„Zwölf Tage, nachdem wir unsere Wagen verlassen hatten, erreichten wir das nordöstliche Ende des Ngamisees. Am 1. August 1849 wanderten wir alle zum breitesten Teil des Sees; an jenem Tag wurde diese große Wasserfläche zum ersten Mal von Europäern gesichtet. Leider ist der See zu flach, um als Wasserstraße jemals große Bedeutung zu erlangen.“

D. Livingstone

eine Unmenge an detaillierten Bemerkungen in sein Tagebuch einzutragen. Vor allem interessiert er sich für die afrikanische Flora und notiert alles, was er über medizinische Pflanzen erfahren und im Selbstversuch testen kann.

Als es nicht mehr möglich ist, zu Wasser weiterzureisen, bewegt sich Livingstone auf dem Rücken eines Ochsen fort. Wegen der dichten tropischen Vegetation und der erdrückenden Hitze ist es schwer, vorwärts zu kommen. Zudem sind die Beziehungen zu den Afrikanern der durchquerten Territorien zum Teil gespannt, die geforderten Zölle hoch, und man mißtraut sich gegenseitig.

Niemand weiß, woher er kommt, niemand weiß, wohin er fließt", erzählt ein Lied afrikanischer Ruderer, das Livingstone aufzeichnet, er fügt hinzu: „Selbst für die Bewohner des hiesigen Landstrichs hat der Fluß etwas Mysteriöses." Wegen der Stromschnellen und der Wasserfälle ist es tatsächlich sehr schwierig, den 2700 km langen Sambesi von Angola bis zum Indischen Ozean aufwärts zu fahren.

Nach monatelanger Reise kommt er in São Paulo de Loanda, der Hauptstadt Angolas, an.

Die Expedition erreicht schließlich am 31. Mai 1854 den Atlantik. Drei Monate bleibt der Forscher mit seinen Männern in der portugiesischen Kolonie. Er nutzt diese Wochen, um seinen Bericht für die Royal Geographical Society zu schreiben und beschließt dann, zum Sambesi auf demselben Weg, den er auf der Hinreise genommen hatte, zurückzukehren.

Als der Missionsarzt in Linyanti ankommt, muß er nach einer Reise von beinahe 4 000 km verbittert feststellen, daß es illusorisch ist, aus seiner Route einen regulären Verkehrsweg ins Innere des Kontinents zu machen. Die Entfernungen sind zu gewaltig.

Die Wahl einer „leichten" Reiseausstattung hat Mangel an Papier zur Folge, was besonders unangenehm ist, weil die Wissenschaft zahlreiche und regelmäßige Berichte oder Niederschriften fordert: Landschaftsbeschreibungen, Erklärungen zur gewählten Reiseroute, topographische Notizen. Zudem will der Forscher durch eine schriftliche Niederlegung seiner Beobachtungen ermöglichen, daß seine Begleiter sie im Falle eines Unglücks dem ersten Weißen anvertrauen können, der ihren Weg kreuzt.

Livingstone versucht sein Glück ostwärts.

Dank der Expedition in Richtung Westen konnte Livingstone eine Karte von den durchquerten Gebieten anlegen. Verglichen mit seinem eigentlichen Vorhaben, nämlich das Innere des Kontinents für den europäischen Handel und das Christentum zu öffnen, erscheint das aber wie ein Trostpreis. Er bricht daher im September 1855 in Richtung Osten auf. Noch einmal organisiert Sekeletu die Expedition für ihn und stellt ihm eine große Menge an Elfenbein zur Bezahlung der Wegerechte zur Verfügung.

Livingstone reist den Sambesi flußabwärts. Am 17. November 1855 erblickt er die gigantischen Wasserfälle, deren Gischt aus mehr als 10 km Entfernung zu sehen ist. Da man sie für ein Buschfeuer halten könnte, werden sie auch „Grollender Rauch“ genannt. Livingstone tauft sie Victoriafälle.

Daraufhin durchquert er eine durch Kriege und Beutezüge der Sklavenhändler verwüstete Region. Die Wegerechte sind teuer, und durch den Einfluß des Sklavenhandels sind Feindseligkeiten an der Tagesordnung. Um bestimmte Krisenregionen zu meiden, nimmt die Truppe lange Umwege in Kauf.

„Nach einer Fahrt von 20 Minuten erkennen wir Gischtsäulen, die man zu Recht als Rauch bezeichnen kann. Von dem Ort aus gesehen, an dem wir uns befinden, verliert sich die Spitze dieser Säulen in den Wolken. Sie sind am Fuße weiß und verdunkeln sich nach oben, was die Ähnlichkeit mit vom Boden aufsteigendem Rauch verstärkt. Die ganze Landschaft ist von unbeschreiblicher Schönheit; große Bäume von unterschiedlicher Form und Farbe schmücken die Flußufer und Inseln. Jeder hat seine besondere Gestalt, und viele sind von Blumen bedeckt.“

D. Livingstone an den Victoriafällen

Als Livingstone in der portugiesischen Handelsniederlassung Tete in Mosambik ankommt, ist er völlig erschöpft. Dennoch gelangt er im Mai 1856 nach Quelimane am Indischen Ozean. Er ist somit der erste Europäer, der Afrika von einer Küste zur anderen durchquert hat. Aber auch die Route in Richtung Osten ist nicht so einfach gangbar, wie man sich das erhofft hatte. Doch führt ihre Bewältigung letztlich dazu, daß die Kenntnisse über Südafrika erweitert werden.

Bei seiner Rückkehr in London werden dem Forscher die höchsten Ehren zuteil.

Die Berühmtheit Livingstones entspricht dem Wagnis seiner Unternehmungen. Als er 1856 von Quelimane aus nach England zurückkehrt, will er seinen Landsleuten von seinen Erfahrungen berichten und sie von der Notwendigkeit, Afrika zu „zivilisieren", überzeugen. Man bereitet ihm einen überwältigenden Empfang; er wird als Nationalheld gefeiert, zu Konferenzen von wissenschaftlichen Gesellschaften, an Universitäten und in Regierungskreise oder zu offiziellen Banketts eingeladen und mit Auszeichnungen, Ehrungen und Medaillen überhäuft.

Seine gesellschaftlichen Verpflichtungen halten ihn jedoch nicht davon ab, seinen Reisebericht „Missionary Travels and Researches in South Africa" zu verfassen.

„Meine bislang gemachten Entdeckungen mögen von großer Bedeutung sein, die wertvollste Entdeckung für mich aber war die große Anzahl hervorragender Menschen auf Erden. Ich danke dem höchsten guten Wesen, das über mich wachte und mir die Herzen der Schwarzen als auch der Weißen gewogen machte."
D. Livingstone

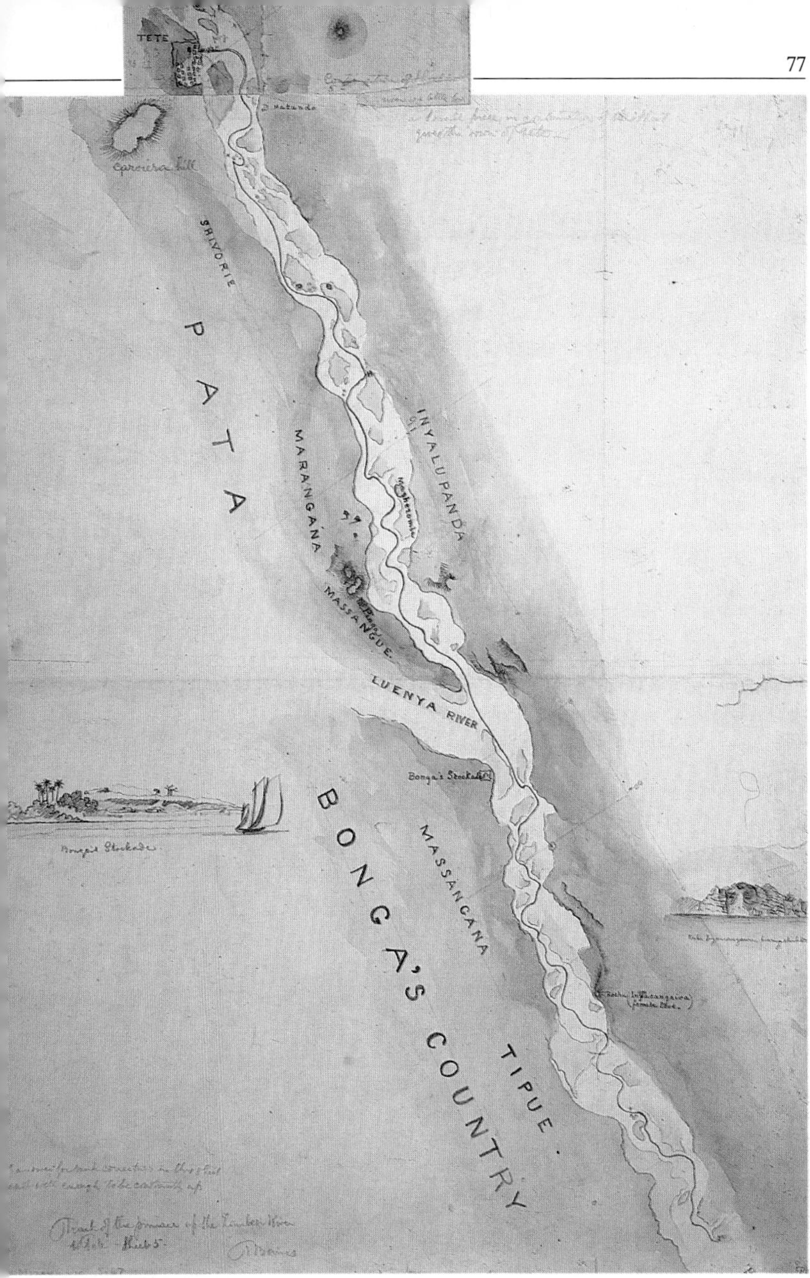
TETE
SHIVORIE
PATA
MARANGANA
INYALUPANDA
MASSANGUE.
LUENYA RIVER
Bonga's Stockade
BONGA'S COUNTRY
MASSANGANA
TIPUE.

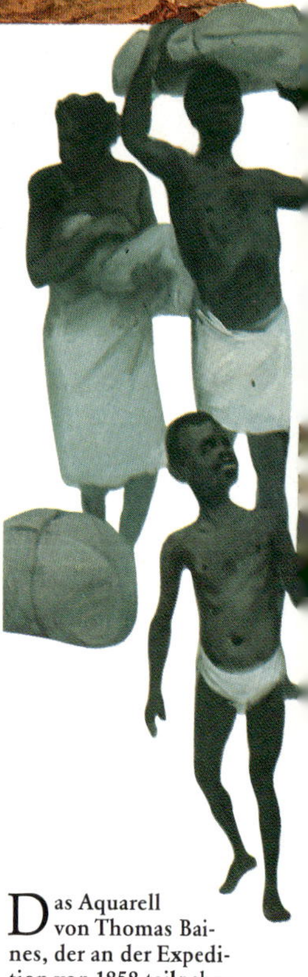

Schon bald wird er ins Deutsche übersetzt und erscheint unter dem Titel „Missionsreisen und Forschungen in Süd-Afrika während eines sechzehnjährigen Aufenthalts im Innern des Continents". Es folgen Übersetzungen in andere Sprachen. Vom Tag seines Erscheines an hat der Titel einen überragenden Erfolg und wird mit einer Auflage von mehr als 70 000 Exemplaren zum Bestseller.

Tatsächlich ist das Buch für eine ganze Reihe von verschiedenen Lesern interessant: Briten, die in ihren Stuben hocken und nach Berichten von Abenteuern hungern, Geographen, die ihre Kenntnisse über den Schwarzen Kontinent erweitern möchten, Missionare, die von heidnischen Gebieten angezogenen werden, Händler, die davon träumen, neue Märkte zu erobern, Humanisten, die sich über die Kapitel zum Sklavenhandel entsetzen.

Livingstone und der Sklavenhandel

Auf seiner Reise durchquert Livingstone Gebiete, in denen der Sklavenhandel immer noch weit verbreitet ist. Nur im Westen Afrikas ist es den Engländern gelungen, den Menschenhandel per Gesetz einzudämmen. Auch Livingstone glaubt, daß die bloße Anwesenheit der Europäer zur Ausrottung dieser menschenunwürdigen Geschäfte genügt. Die Realität ist jedoch komplexer. Zwar stimmt es, daß der Handel zu jener Zeit fest in den Händen von Arabern der Ostküste und einiger Stämme Zentralafrikas liegt, doch haben sie auch weiße Komplizen, so zum Beispiel Portugiesen, die vor allem in den Häfen der Ostküste und in Angola ihr Unwesen treiben.

Das Aquarell von Thomas Baines, der an der Expedition von 1858 teilnahm, zeigt das Sambesigebiet.

Livingstones Zeitgenossen sind von dessen Beschreibungen tief betroffen. Lange Karawanen aneinandergeketteter Gefangener, die man schlägt, wenn sie langsamer gehen, und erschießt, wenn sie nicht mehr folgen können, sind in Zentralafrika tatsächlich keine Seltenheit.

Häufig sind Reisende Augenzeugen dieses menschenverachtenden Vorgehens, denn sie sind oft gezwungen, die Wege der Sklavenhändler zu wählen. Livingstone ist über die Verbreitung des Sklavenhandels so bestürzt, daß diese Erfahrung treibende Kraft für eine weitere Afrikareise wird.

Livingstone versteht es, in London seinen guten Ruf als außerordentlicher Afrikaforscher zu nutzen. Nachdem das Außenministerium ihn zum Konsul ernannt hat,

„Am nächsten Tag wurden weitere 50 Sklaven freigelassen. Ihr Antreiber versicherte uns, daß er nur mit der Erlaubnis des Gouverneurs von Tete gehandelt habe. Das brauchte er uns nicht zu sagen, denn es ist unmöglich, ein solches Unternehmen ohne das Wissen des Gouverneurs durchzuführen."

D. Livingstone

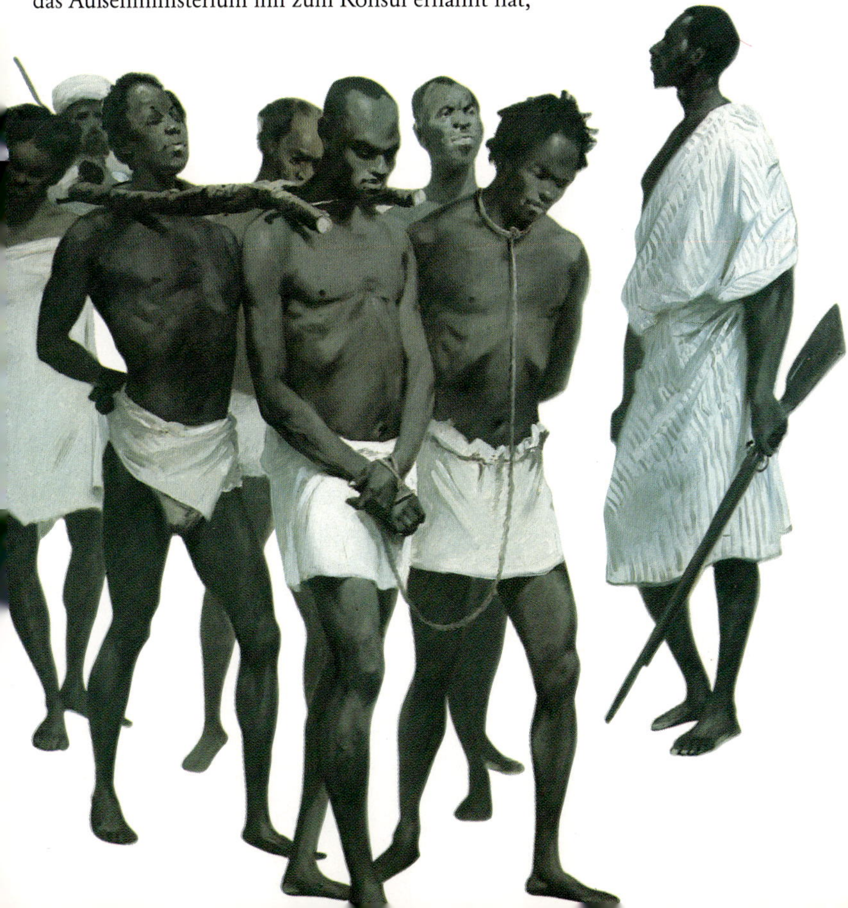

es ihm eine Reihe präziser Aufträge wie z. B. die Gründung einer Station am Sambesi, der Basis der „zivilisierenden Mission" Großbritanniens.

Diese neue Unterstützung kommt Livingstone jetzt sehr gelegen, denn er steht nicht mehr in den Diensten der Londoner Missionsgesellschaft, die ihm vorgeworfen hat, sich seinem geistlichen Auftrag zu sporadisch zu widmen.

Diesmal begibt sich Livingstone nicht alleine nach Afrika: Mit sechs Begleitern, unter denen sich auch sein eigener Bruder und der Maler Thomas Baines befinden, reist er 1858 ab. In Umfang und Organisation unterscheidet sich diese Expedition grundlegend von den bisherigen, da mehr finanzielle Mittel zur Verfügung stehen: Zu den sieben Briten kommen so über 60 Träger hinzu.

Im Laufe dieser Expedition entdecken Livingstone und seine Begleiter den Njassasee (oder auch Malawisee, der beinahe 30 000 km^2 groß ist), von dem die Portugiesen

zwar wußten, den sie aber noch nie gesehen hatten. Die Briten erkunden auch zwei weitere Wasserläufe, den Chire und den Rovuma. Insgesamt gesehen ist diese gut geplante Expedition jedoch ein Mißerfolg; sie bestätigt nur, daß der Sambesi nicht schiffbar ist, und es mißlingt ihr, christliche Missionsstationen auf Dauer einzurichten. Zudem ist der im Alleingang so erfolgreiche Livingstone wenig geeignet, eine Mannschaft zu leiten.

Mary Livingstone hatte England verlassen, um sich der Expedition ihres Ehemanns im Sambesigebiet anzuschließen. Trotz ihrer robusten Natur wird sie krank. Auch der Expeditionsarzt ist nicht in der Lage, sie zu heilen: Im April 1862 stirbt sie am Fieber. Ihre Begleiter begraben sie feierlich am Fuße eines Baobab-Baumes.

1863 wird Livingstone nach England zurückgerufen, wo er sich die Zeit nimmt, sein zweites Werk „Narrative of an Expedition to the Zambezi and its Tributaries“ aufzuzeichnen, dessen Erfolg schon vor seinem Erscheinen gesichert ist. Gespannt verfolgt er den Streit um Spekes und Burtons Nilquellentheorien, und es drängt ihn, wieder aufzubrechen.

Die „Ma Robert“ (so genannt zu Ehren von Mary) ist ein speziell für die Expedition von 1858 entworfenes kleines Dampfschiff. Es wiegt 12 t, kann 36 Passagiere transportieren, erweist sich ansonsten aber als sehr unpraktisch: Es rostet schnell, verbraucht zuviel Brennholz und fährt so langsam, daß man es schnell auf den Namen „Der Asthmatiker“ umtauft.

Die dritte Expedition ins Gebiet des Tanganjikasees

Noch einmal erhält er Finanzierungshilfe vom Außenministerium, zu denen Gelder der Royal Geographical Society hinzukommen. Livingstone verzichtet nun auf die ganz im Süden gelegenen Gebiete; er geht im Januar 1866

„Zwischen zwei Reihen von Neugierigen ging ich weiter bis zu einem Halbkreis von Arabern, vor dem ein ‚alter Mann mit weißem Bart' stand. Ich hätte bis zu ihm laufen und ihn umarmen wollen, aber ich war durch die zusammengekommene Menschenmasse verunsichert und wußte nicht, wie er mich empfangen würde. Daher verhielt ich mich so, wie es sich ziemt, ging entschlossen auf ihn zu, entblößte mein Haupt und sprach ihn an."

H. M. Stanley

bei der Mündung des Rovuma an Land und zieht nordwestwärts bis zum Njassa- und Tanganjikasee. Dabei entdeckt er den Mwerusee und den Lualaba, der aus ihm entspringt und den er für den Nil hält, dessen Quelle seiner Meinung nach der südlich vom Mwerusee gelegene Bangweulusee sein soll. Der Gesundheitszustand des Forschers hat sich jedoch seit des Verschwindens seines Medikamentenkoffers so verschlechtert, daß er zu schwach ist, um seine topographischen Hypothesen zu überprüfen, und sich nach Ujiji am Tanganjikasee transportieren lassen muß.

Dennoch setzt er sich in den Kopf, die Nilquellen in der Gegend des Lualaba zu suchen, den er flußabwärts fahren will. Da sich jedoch die arabischen Händler der Station von Nyangwe diesem Vorhaben widersetzen, muß Livingstone nach Ujiji zurückkehren.

„Doctor Livingstone, I presume?"

Im Jahre 1871 hat Europa seit drei Jahren kein Lebenszeichen mehr von Livingstone bekommen. Einige seiner vorzeitig an die Küste zurückgekehrten Träger verbreiten das Gerücht, daß er tot sei, aber die Europäer sind noch nicht davon überzeugt. Livingstone wird zu dieser Zeit von exzellenten Führern wie Susi, Chuma und Jacob Wainwright begleitet, die ihm seit Jahren zur Seite stehen. Doch bleibt der Forscher auch stark von arabischen Händlern abhängig, die regelmäßig auf der Strecke zwischen Ujiji und der Küste verkehren. Da Livingstones ablehnende Haltung gegenüber der Sklaverei diesen Händlern mißfällt und sie wenig Wert darauf legen, daß er mit Europa Kontakt hält, weigern sie sich, ihm als Boten zu dienen.

Am 30. Oktober 1871 erhält Livingstone von Susi die überraschende Nachricht, daß soeben ein Weißer an Land gegangen ist. Es handelt sich bei dem Fremden um Henry Morton Stanley, der seit einigen Monaten auf der Suche nach dem verschollenen Mediziner ist.

Stanley, ein in Wales geborener amerikanischer Journalist, wurde von James G. Bennet, dem Direktor der Zeitung „New York Herald", nach Afrika geschickt; letzterer ist davon überzeugt, daß Livingstone noch am Leben ist, und er vertraut darauf, daß Stanley seiner Zeitung brandneue Schlagzeilen verschafft.

Bennets Hoffnung bestätigt sich: In dem Dorf am Ufer des Tanganjika trägt sich eine legendär gewordenene Szene zu: Stanley, der bei Livingstones Anblick schlecht verbergen kann, wie gerührt er ist, bringt lediglich eine Formulierung hervor, die durch den Kontrast zwischen ihrer floskelhaften Banalität und der Besonderheit des Augenblicks berühmt geworden ist:

„Doctor Livingstone, I presume? (nehme ich an)"

„Yes", antwortet der Missionar knapp im gleichen neutralen Ton.

Stanley und Livingstone stellen zwei völlig gegensätzliche Typen von Forschungsreisenden dar: Der eine verhält sich wie ein wahrer Karawanenführer, er muß eine sehr große Gruppe leiten, in der sich auch Frauen und Kinder befinden; der andere hingegen ist ein diskreter, aber nicht weniger erfolgreicher Einzelgänger.

Stanley übergibt Livingstone Briefe sowie Medikamente. Sie sollen zur würdigen Feier des Ereignisses sogar eine Flasche Champagner geöffnet haben!

Um den Missionar zu finden, hat Stanley in Begleitung von 190 Mann in 411 Tagen über 3 500 km zurückgelegt. Man muß an dieser Stelle erwähnen, daß er, im Gegensatz zu anderen Forschern, über äußerst großzügig bemessene finanzielle Mittel verfügte: Bennett hat ihm ausdrücklich aufgetragen, sich vor der Abreise 1 000 Pfund auszahlen zu lassen und diesen Vorgang so oft wie nötig zu wiederholen! Einige Minuten vor der historischen Begegnung äußert Livingstone über die herannahende Expedition: „Das muß ein Luxusreisender sein!"

Die letzte Durchquerung des Kontinents

Die beiden Männer, die sich sofort sympathisch sind, unternehmen im folgenden Monat gemeinsam die Umschiffung des Tanganjikasees. Zu diesem Zweck wird eine Mannschaft von 16 Ruderern engagiert. Wie Burton stellen auch sie fest, daß der Ruzizi in den See fließt, statt aus ihm heraus, und sie müssen daher akzeptieren, daß es sich nicht um den Nil handeln kann.

Stanley bemerkt voller Sorge, daß Livingstone gesundheitlich sehr geschwächt ist, und fordert ihn eindringlich auf, nach England zurückzukehren. Dieser möchte aber nichts von einer Rückreise wissen, läßt den Journalisten im März 1872 in Kazeh zurück und macht sich auf die Suche nach weiteren hypothetischen Nilquellen.

Zunächst begibt er sich in die Gegend des Bangweulusees, verliert aber in der Regenzeit seine restlichen Kräfte, so daß ihm Orientierungsfehler unterlaufen, er sich verirrt, kaum mehr essen kann und an wiederholten Blutungen leidet. Seine Überzeugung, daß der Lualaba, wie der Oberlauf des Kongos genannt wird, und der Nil ein und derselbe Fluß sind, wird zur fixen Idee.

Livingstone erfährt nie, daß er sich in diesem Fall getäuscht hat. Am Morgen des 1. Mai 1873 finden ihn seine afrikanischen Begleiter in der kleinen Stadt Ilala vor seinem Bett kniend; er ist tot.

„Sein smaragdgrünes Wasser reflektierte den königsblauen Himmel."
H. M. Stanley am Tanganjikasee

Livingstone ist erschöpft und hat nicht mehr die Kraft, mehr als einen oder zwei Sätze in sein Tagebuch zu schreiben. „Ich bin sehr geschwächt", lautet die Eintragung vom 20. April 1873. Trotzdem zwingt er sich, geographische und meteorologische Notizen zu machen. Am nächsten Tag schreibt er stichwortartig: „Versucht, auf Ochsen zu reiten, aber gezwungen, mich hinzulegen; haben mich ins Dorf getragen. Völlig erschöpft." In der folgenden Woche trägt er ohne sonstige Bemerkungen nur das Tagesdatum ein. Die letzte Aufzeichnung seines Tagebuchs lautet „27. Mai".

Sein Leichnam wird mit Salz und Alkohol einbalsamiert und in einer letzten Reise durch Afrika bis nach Sansibar transportiert. Dank dieses großen Einsatzes der Afrikaner ist es Großbritannien möglich, für seinen Helden ein Staatsbegräbnis zu organisieren. Im April 1874 wird er in der Westminsterabtei beigesetzt.

David Livingstone – eine Legende

Manche Gebiete sind vor Livingstone schon von anderen Weißen erkundet worden, vor allem von Portugiesen, die seit Beginn des 16. Jahrhunderts an die Ufer des Sambesis reisen. Da die Berichte seiner Vorgänger aber der großen Öffentlichkeit unbekannt geblieben sind, schmälert das Livingstones Ruf als einer der berühmtesten Entdecker aller Zeiten nicht. Sein Schicksal und seine Taten bleiben außergewöhnlich, dennoch ist zu fragen, wodurch Livingstone zur Legende geworden ist.

Die Studien, die seiner Person gewidmet wurden, ähneln eher Heiligengeschichten als historischen Analysen. Tatsächlich sind die Methoden, mit denen Livingstone arbeitete, zwar originell, aber durchaus auch anderen Afrikaforschern vertraut. Nach der Legende setzt sich Livingstone unablässig für das Wohl der Afrikaner ein und lehnt es strikt ab, Gewalt anzuwenden – er soll sich geweigert haben, selbst nur zur Jagd ein Gewehr zur benutzen. Auch soll er seine Gastgeber, seine Träger und Diener mit Wohltaten überhäuft haben. Eine seiner positiven Seiten ist sicherlich, daß er den von anderen Reisenden so oft ignorierten Afrikanern respektvoll gegenübertritt, wobei er trotzdem an eine Überlegenheit der Weißen glaubt. Die hält er allerdings nicht für naturgegeben, sondern sieht sie als ein kulturelles Produkt an, das durch den langjährigen Einfluß des Christentums entstanden ist.

Livingstones Männer waren sehr berührt von dem Tod ihres Herrn, aber auch sehr erstaunt über die Haltung, in der sie seinen Leichnam fanden.

Seine Berühmtheit erklärt sich auch dadurch, daß seine Persönlichkeit das verklärte Eigenbild der Engländer – und der Europäer im allgemeinen – widerspiegelt.

Als bescheidener Held opfert er sich ganz und gar auf, sowohl für die Afrikaner, die er „retten“ will, als auch

Im Februar 1874 kommt der Transport von Livingstones Leichnam auf Sansibar an. Zusammen mit den Papieren und der Ausrüstung des Arztes wird er Mr. Arthur Laing übergeben und erreicht am 16. April, an Bord der „Malwa", die ihn in Aden in Empfang genommen hat, England. Nachdem der Leichnam von Southampton nach London befördert wurde, identifizieren ihn dort Sir William Fergusson sowie Livingstones Freunde. Das künstliche Gelenk des linken Armes läßt keinen Zweifel an der Identität der Leiche zu. Es wurde 1843 aufgrund eines Löwenbisses eingesetzt, der Livingstones Oberarmknochen in der Nähe der Schulter zermalmte.

für die Europäer, die er dadurch ermutigt, seine begonnene Mission fortzusetzen.

Tatsache ist, daß er schließlich in Afrika stirbt, nachdem er diesen kaum erschlossenen Kontinent schon 30 Jahre bereist hat. Livingstone hat in Afrika seine Gesundheit, seine Familie und einen Teil seines religiösen Sendungsbewußtseins verloren, aber viel dazu beigetragen, Europa mit diesem Kontinent vertraut zu machen – was auch immer das später für Folgen hatte.

Jacob Wainwright, ein treuer Begleiter (unten), wacht im Hafen von Sansibar über die Ausrüstung des Verstorbenen.

AFRIQUE

VIERTES KAPITEL

IM HERZEN DES GROSSEN WALDES

Livingstone sagte, es sei ein verrücktes Abenteuer, den Lualaba hinunter zu fahren. Das ist es wahrlich, und wenn ich es nochmals durchstehen müßte, dann nicht ohne Bewaffnung mit mindestens 200 Gewehren. Ich schreibe diese Zeilen nieder, obwohl ich beinahe davon überzeugt bin, daß sie nie von einem Weißen gelesen werden. Dennoch setze ich meine Reise und auch meine Aufzeichnungen fort und übergebe unser Schicksal der göttlichen Vorsehung."

Auszug aus H. M. Stanleys Tagebuch

Gegen Ende des 19. Jahrhunderts konzentriert sich das Interesse der Europäer auf das Kongogebiet. Zu jener Zeit regeln die Regierungen ihre kolonialen Streitfälle auf dem Wege internationaler Vereinbarungen. So legt die Berliner Konferenz (November 1884 – Januar 1885) die Basis für die Kolonisierung und Aufteilung des afrikanischen Kolonialgebiets.

Bis in die siebziger Jahre des 19. Jahrhunderts haben sich die geographischen Entdeckungen vornehmlich auf die Region der großen Seen und auf Südafrika beschränkt. Unbekannt bleibt zunächst das Kongobecken im Bereich der großen äquatorialen Wälder, denn der Zugang ist aus topographischen und politischen Gründen schwierig. Dennoch wird der Kongo in der Folge innerhalb weniger Jahre zu einem der wichtigsten kolonialen Streitobjekt verschiedener europäischer Mächte; deutlicher als anderswo zeigt sich hier der Zusammenhang zwischen geographischer Erkundung und imperialistischen Interessen.

Sansibar, eine relativ kleine, 30 km von der afrikanischen Ostküste entfernte Insel, wird im 19. Jahrhundert zu einem der Hauptumschlagplätze des afrikanischen Handels. Die Insel ist ein großer Sklavenmarkt und Durchgangsstation für Tonnen von Elfenbein, das bei den Europäern sehr begehrt ist. Araber und Inder, die an der Spitze von umsatzstarken Unternehmen stehen, helfen den Forschern, ihre Expeditionen zu organisieren und liefern ihnen Waren und Arbeitskräfte.

Auf Livingstones Spuren: V. L. Cameron durchquert den Schwarzen Kontinent.

Zur selben Zeit, als Stanley auf Livingstone trifft, entschließt sich die Royal Geographical Society, ihrerseits einen Expeditionstrupp nach Zentralafrika zu entsenden, um den Missionar zu finden.

Verney Lovett Cameron, ein Leutnant der Royal Navy, bewirbt sich als Leiter dieser Expedition. Er diente zuvor auf einem Schiff, dessen Auftrag die Bekämpfung des Sklavenhandels in der Gegend von Sansibar war. Der Pfarrerssohn Cameron ist davon überzeugt, daß Europa in Afrika präsent sein muß, und zwar sowohl in religiöser als auch wirtschaftlicher Hinsicht. Obwohl er keine Referenzen vorzuweisen hat, ist die Royal Geographical

Verney Lovett Cameron (1844–1894) durchquert im Jahre 1875 die den portugiesischen Sklavenhändlern schon bekannten Gebiete von Ussambi, Ulunda und Lovale, in denen er als erster Forschungsreisender Gewässer-, Botanik-, und Ethnographieaufzeichnungen macht. Die Reise ist besonders beschwerlich, weil sie zur Regenzeit unternommen wird. Trotzdem hat die Expedition nur zwei Tote während einer Reise von 31 Monaten zu beklagen.

Society von seiner Entschlossenheit beeindruckt und vertraut ihm die Aufgabe an.

Im Januar 1873 kommt Cameron in Sansibar an, wo er zunächst mehrere Wochen damit zubringt, eine Karawane mit 200 Trägern zusammenzustellen. Als die Anwerbung der Träger sich als schwierig herausstellt, begeht Cameron den Fehler, sie bereits vor der Abreise zu bezahlen. Das hat zur Folge, daß ihm schon bald viele der Angeworbenen mit dem Lohn davonlaufen.

Am 23. März verläßt er Bagamoyo mit seiner Gefolgschaft und zwei weiteren Briten, Dillon und Murphy. Von Anfang an hat die Karawane Versorgungsprobleme: Die Preise für Nahrungsmittel sind äußerst hoch, von den Zöllen ganz zu schweigen. Unter diesen Umständen gehen die Reserven an Stoffen und Muscheln, die als Tauschobjekte dienen, schnell zur Neige, und das obwohl Cameron auf derselben Route reist wie schon Burton und Speke zehn Jahre zuvor. Zudem sind die Europäer anfällig für Malaria; Livingstones Neffe, Robert Moffat, der sich ihnen in Natal angeschlossen hat, stirbt im Mai.

Im Oktober erhält Cameron eine schreckliche Nachricht: Der Mann, den er sucht, ist tot.

In Kazeh trifft Cameron auf Livingstones Träger, die den Leichnam des Missionars nach Sansibar befördern. Da die Expedition nun kein Ziel mehr hat, muß der Forscher über ihren Fortgang selbst entscheiden. Murphy und Dillon beschließen, nach Hause zurückzukehren, und überlassen alles weitere ihrem Gefährten.

Als Cameron am 18. Februar 1874 in Ujiji ankommt, händigt ihm ein arabischer Händler Livingstones persönliche Papiere aus und überträgt ihm die Ehre, sie nach Großbritannien zurückzubringen.

Cameron träumt davon, die westlich vom Tanganjikasee gelegenen Gebiete zu erforschen. Da sie als unsicher gelten und man zu ihrer Durchquerung eine große Karawane benötigt, über die Cameron nicht mehr verrfügt, rät man ihm, seinen Plan aufzuschieben. Daher entscheidet er sich zunächst für eine Erkundung der südlichen Uferregionen, die zwei Monate dauert. Während dieser Reise kartographiert er 500 Meilen und nimmt Höhenbestimmungen vor. Dabei bemerkt er, daß der See zur Regenzeit in den Lukuga abfließt, einen Fluß, der dem Gewässernetz des Kongos angehört.

Die Europäer sind durch die geographischen Bezeichnungen der Afrikaner häufig verwirrt, da es regionale Unterschiede gibt. So heißt zum Beispiel der Kongo im Osten Lualaba; Stanley steigert die Komplikationen, indem er den Fluß auf den Namen „Livingstone“ umbenennt.

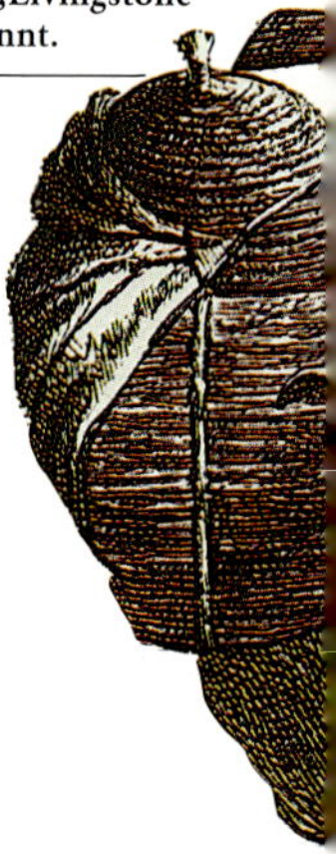

Cameron, der Pionier des Kongobeckens, reist in südliche Richtung, anstatt wieder flußabwärts zu ziehen.

Da Cameron den Lauf des Lualaba verfolgen will, dringt er in die westlichen Regionen vor. Aber als er im August 1874 Nyangwe erreicht, überzeugt ihn der arabische Sklavenhändler Tippu-Tip davon, dieses waghalsige Projekt aufzugeben. Der Engländer wird es bedauern, nicht daran festgehalten zu haben, da sich Stanley drei Jahre später mit eben diesem Unternehmen auszeichnen wird.

Wie viele Briten vertritt auch Cameron die Ansicht, daß allein die Angelsachsen fähig seien, den Sklavenhandel zu unterbinden, und legitimiert so ihre Anwesenheit in Afrika.

Wenigstens genießt Cameron das Privileg, als erster bewiesen zu haben, daß der Lualaba und der Nil nicht derselbe Fluß sein können: Der Lualaba liegt in Nyangwe tiefer als der Nil in Gondokoro, und er ist fünfmal größer!

In der Vorstellung, den Kontinent in westlicher Richtung zu durchqueren, reist Cameron südwärts.

Ständig ist die Expedition von Hungersnot bedroht, Cameron leidet an Skorbut, und die Beziehungen zu den Eingeborenen sind sehr angespannt. Trotz ihrer grundsätzlichen Vorbehalte sind Cameron und seine Truppe gezwungen, einen Teil ihres Weges in Begleitung eines Sklavenhändlers zu unternehmen.

Tippu-Tip ist der einflußreichste Händler Zentralafrikas. Er regiert unabhängig vom Sultan von Sansibar in der Gegend von Nyangwe, während seine Männer für ihn in der Umgegend auf Elfenbein- und Sklavenjagd gehen.

Am 7. November beendet der Brite schließlich die Durchquerung des Kontinents in Benguela an der angolanischen Küste. Seine Männer sind so erschöpft, daß er sie vorläufig zurücklassen muß und mit einigen wenigen weiterreist, um an der Küste bei den Portugiesen Hilfe anzufordern.

Als Cameron im April 1876 in Liverpool ankommt, wird er von der wissenschaftlichen Welt bejubelt. Die Royal Geographical Society belohnt ihn, und er erhält verschiedene Ehrentitel von namhaften Universitäten und von Königin Victoria persönlich.

Insgesamt kostete die Expedition 12 000 Pfund, was die RGS zwingt, zu Privatspenden aufzufordern. Auf Drängen seiner Freunde beginnt Cameron, seinen Abenteuerbericht „Across Africa“ aufzuzeichnen. Sein Buch ist ein engagiertes Plädoyer gegen den Sklavenhandel, dessen Zeuge er geworden ist.

Es überrascht, daß Cameron der Nachwelt nicht ebenso bekannt blieb wie andere Forscher, denn sein Werk ist nicht weniger beachtenswert, und die europäischen Mächte interessierten sich sehr schnell für die Regionen, die er durchquert hat. Zweifellos ist der Grund dafür seine eigene Bescheidenheit und auch der Schatten, den der ihm nachfolgende Stanley auf ihn wirft.

Stanley verfolgt den verwegenen Plan, den Lualaba abwärts zu fahren, da er hofft, es handle sich um den Kongo.

Dem Forscher, der sich schon durch das Auffinden Livingstones ausgezeichnet hat, bereitet es keine großen Schwierigkeiten, Gelder für das kolossale Vorhaben, den Lualaba abwärts zu fahren, zu beschaffen. Dank der großzügigen Finanzierung durch zwei Pressemagnaten, den Direktoren des „New York Herald“ und des „Daily Telegraph“, kann er eine gigantische Expedition organisieren: Er nimmt ein 13 m langes Boot, die „Lady Alice“, in Einzelteile zerlegt, mit auf die Reise und engagiert 360 Expeditionsteilnehmer!

Am 17. November reist er von Sansibar ab und macht bei den großen Seen Rast; vom Tanganjikasee aus zieht er in Richtung Nordwesten weiter und kommt im Oktober 1876 in Nyangwe an. Auf der beschwerlichen Reise sterben unterwegs viele seiner Begleiter und unterhalb der Station

Stanley wurde 1841 unter seinem richtigen Namen John Rowlands als unehelicher Sohn einer Dienstmagd in Wales geboren. Im Alter von 14 Jahren heuert er auf einem Schiff an, das in Richtung Amerika fährt. Dort läßt er sich von einem Händler adoptieren und trägt fortan dessen Namen: Henry Morton Stanley. 1865 berichtet er als Journalist für den New York Herald über einen Vorfall in Abessinien, bevor er in die Geschichte als derjenige eingeht, der Livingstone gefunden hat.

von Nyangwe beginnt dichter Regenwald. An seiner Seite bleibt nur noch ein Europäer, Franck Pocock. Schließlich läßt Stanley das Los darüber entscheiden, ob er weiterreisen soll oder nicht. Die geworfene Münze zeigt an, daß er umkehren soll; trotzig beschließt er, sich über seinen Aberglauben hinwegzusetzen und die Route weiterzuverfolgen.

In dem arabischen Händler Tippu-Tip hat er inzwischen einen wertvollen Verbündeten gefunden, mit dem er nun einen Handel eingeht: Als Gegenleistung für 5000 Dollar stellt ihm der Händler für zwei Monate eine Eskorte

Keiner der drei Europäer (die Gebrüder Pocock und Frederick Barker, zu erkennen an dem Tropenhelm zu ihren Füßen) noch deren Hunde, die zu Stanleys großer Verzweiflung das Klima sehr schlecht vertragen, erreichen jemals den Atlantik.

Die Einzelteile der „Lady Alice," die anfangs zusammengebaut transportiert werden sollte! Ein Zimmermann bekam auf Sansibar die Aufgabe, das Boot in mehrere Teile zu zerlegen. Stanley hatte es auf den Namen seiner Verlobten getauft.

von 700 Mann sowie Nahrungsmittel und zusätzliche Waffen zur Verfügung.

Am 5. November 1876 rückt die Kolonne in Richtung Norden, entlang des Kongos, vor. Tagelang fahren die Kanus flußabwärts, die Luft ist stickig und die Vegetation erdrückend dicht. Man fürchtet sich vor Übergriffen der Stämme entlang des Flusses, die man verdächtigt, Menschenfresser zu sein. Die Eingeborenen fühlen sich ihrerseits bedroht, und Stanley verursacht darüber hinaus durch den übermäßigen Gebrauch von Feuerwaffen Angst und Schrecken. Er verliert einige Männer durch Hinterhalte und rächt sich manchmal dadurch, daß er ganze Dörfer auslöscht! Im Laufe dieser Expedition liefert sich der Forscher nicht weniger als 32 bewaffnete Auseinandersetzungen.

Die wohlwollenden Absichten der Europäer sind den Flußanwohnern verständlicherweise suspekt. Denn meist vermutet man, daß die umherziehenden Weißen als Sklavenhändler unterwegs sind, die Jagd auf ihre „Ware" machen.

Stanleyfälle und Stanley Pool

Über Hunderte von Kilometern fließt der Fluß in Richtung Norden; handelt es sich wirklich um den Kongo? Stanleys Hypothesen werden bestätigt, als man bemerkt, daß der Fluß auf Äquatorhöhe westwärts weiterfließt. Im Januar 1877 entdeckt der Forscher gigantische Wasserfälle, die er in aller Bescheidenheit Stanleyfälle nennt!

Als der Journalist im Februar schließlich von einem afrikanischen Häuptling erfährt, daß dieser Fluß Kongo heißt, bestehen keine Zweifel mehr. Nur haben sie leider erst die Hälfte der Strecke hinter sich; Katarakte behindern das Vorankommen der Gruppe, viele Männer ertrinken in den Stromschnellen. Im März gelangt die Expedition an einen großen See, der Stanley Pool genannt wird.

Fünf Monate später, als die Gruppe beinahe den Ozean erreicht hat, spitzt sich die Situation dramatisch zu: Die Hälfte der Männer ist umgekommen und Stanley selbst durch die Anstrengung völlig entkräftet. In seinem Tagebuch klagt er über Erschöpfung und mehr noch darüber, daß er der ganzen Unternehmung überdrüssig wird. Zudem sind die Afrikaner in der Nähe des Atlantiks schwierige Handelspartner; sie zeigen nur wenig Interesse an den Waren der Expedition. Die Träger sehen sich daher gezwungen, Nahrungsmittel in den Dörfern zu stehlen, was die Beziehungen zu den Flußanwohnern weiter verschlechtert.

Am 4. August 1877 schickt Stanley einen Spähtrupp nach Boma voraus; die Truppe ist nun am Ziel, aber es sterben immer noch Männer an Erschöpfung.

Die überlebenden Afrikaner werden von großem Heimweh geplagt. Stanley läßt sie daher per Schiff in ihre Heimat Sansibar zurückbringen. Er selbst ist gealtert und abgemagert, seine Haare sind weiß geworden. Etwa 1000 Tage dauerte schließlich diese Reise, die unter ungünstigsten Bedingungen verlief. Stanley beschreibt die Höhen und Tiefen der Expedition in seinem Werk „Through the Dark Continent". Es wird unter dem Titel „Die Erschließung des dunklen Erdteils" ins Deutsche übersetzt. In die Annalen der Afrikaforschung geht diese Expedition als die dramatischste ein, die jemals auf afrikanischem Boden durchgeführt wurde.

Nach seiner Rückkehr nach England heiratet Stanley eine reiche Erbin, die in direkter Linie von Oliver Cromwell abstammt; woraufhin die Oberschicht mit bösem Blick beobachtet, wie der Abenteurer – für sie ein unehelicher Emporkömmling – in ihre Kreise eingeführt wird.

In den Folgejahren festigt der Journalist seine afrikanische Karriere.

Gegen Ende der siebziger Jahre stellt sich Stanley in den Dienst des Königs von Belgien, der 1876 eine internationale afrikanische Gesellschaft gegründet hat und davon träumt, seinen überseeischen Einflußbereich auszudehnen. Dank Stanley kann Leopold II. ein persönliches Reich am linken Kongoufer errichten. Um Leopolds Macht zu festigen, muß der Forscher aber zunächst einige afrikanische Stammesoberhäupter davon überzeugen, das Protektorat des belgischen Königs zu akzeptieren.

Stanley, der voller Pläne für die Erschließung des Kongobeckens steckt, will eine Umgehung der Katarakte anlegen. Er regt zudem den Bau einer Eisenbahnlinie an und gründet zwei Städte, die er Leopoldville und Stanleyville nennt! Diese großen Arbeiten, die er im Kongo zwischen 1879 und 1884 leitet, bringen ihm bald den

Spitznamen Boula Matari – der Steineklopfer – ein. Der materielle Gewinn, den Stanley aus seinen Arbeiten zieht, ist beträchtlich: Allein im Laufe seiner Expedition von 1876 bis 1877 beläuft sich seine Ausbeute an Elfenbein auf einen Wert von mehr als 50000 Dollar.

Seine letzte Mission in Afrika unternimmt er schließlich zwischen 1887 und 1889. Diesmal besteht die Karawane aus mehr als 800 Mann, als sie Sansibar verläßt. Ziel und Zweck dieser Reise ist es, dem deutschen Naturforscher Mehmed Emin Pascha (eigentlich Eduard Schnitzer) zu Hilfe zu kommen, der in der Nähe des Albertsees durch eine *Mahdisten*-Revolte festgehalten wird.

Als man jedoch den Naturforscher nach anstrengenden Märschen und Monaten des Hungerns endlich findet, will der nicht mehr fort: eine absurde Rettungsaktion!

Sehr bald gerät das Regime Leopolds II. in Verruf. Das Ausmaß von Plünderungen, Zwangsarbeiten und schlechter Behandlung der Einwohner setzt selbst die konkurrierenden Kolonialmächte in Erstaunen.

Leopoldville (hier auf einem Gemälde von Frans Hens aus dem Jahre 1888) ist ein typisches Beispiel für eine Kolonialstadt des 19. Jahrhunderts: 1881 wird sie auf einer schon existierenden Siedlung (dem Ort Kintambo) errichtet und von Stanley zu Ehren Leopolds II. auf dessen Namen getauft. Die als Vorposten der „Zivilisation" am linken Kongoufer angelegte Siedlung wird erst 1926 zur Hauptstadt von Belgisch-Kongo, dem heutigen Zaire, und trägt den Namen Kinshasa. Stanleyville (heute Kisangani) in der Nähe der Stanleyfälle ist ebenfalls eine Gründung von Stanley. Auf diese Weise stellt er sicher, daß seine Verdienste um die Entdeckung des Kongos nicht in Vergessenheit geraten.

Danach zieht sich der Forscher nach Surrey in den Ruhestand zurück, um dort seinen literarischen Erfolg und sein Privatleben zu genießen.

Savorgnan de Brazza, Wortführer der Franzosen

Als sich Stanley 1880 auf seinen kolonialen Eroberungszug begibt, gerät er mit den Interessen der Franzosen in Konflikt, die in jener Region durch Pierre Savorgnan de Brazza vertreten werden. Dieser Adlige italienischer Herkunft wurde in Frankreich zum Oberleutnant der Marine ernannt, noch bevor er 1874 die französische Staatsbürgerschaft erhielt.

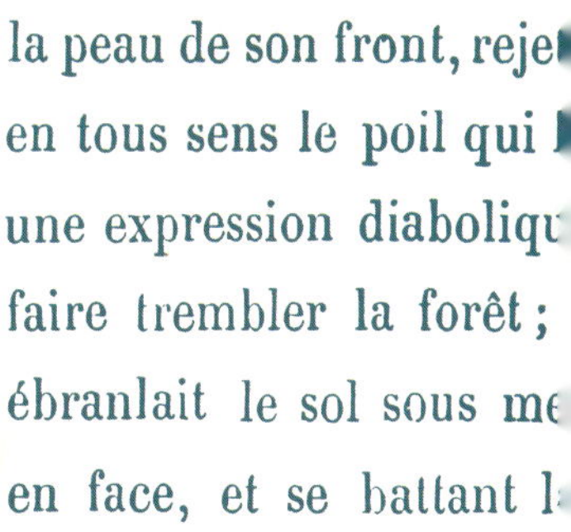

Dank des Marineministers erhält er einen Forschungsauftrag für die Region um den Fluß Ogowé. Die Franzosen haben sich zwar schon seit 1842 an dessen Mündung niedergelassen, kennen seinen Oberlauf jedoch kaum. Nur der etwas exzentrische Franko-Amerikaner Paul Du Chaillu war schon zu Anfang der sechziger Jahre zu den Monts de Cristal gereist; er hatte sich bei den als Kannibalen verdächtigten Fang aufgehalten und über seine Erlebnisse bei der Gorillajagd berichtet. Die von

Für seine erste Mission am Ogowé erhält Brazza zunächst 17500 Francs und gibt am Ende 40000 aus. Dennoch handelt es sich dabei nicht um eine waghalsige Expedition nach Stanleys Art. Brazza zieht weitere französische Militärs hinzu, wie Marche und Compiègne, die vor ihm schon versucht hatten, den Ogowé zu erkunden.

Stanley am Arm seiner Gattin (links). Der Forscher ist lange Zeit Feindseligkeiten der Engländer ausgesetzt, die ihm Ungehobeltheit und Prahlerei vorwerfen.

Brazza 1875 unternommene Expedition dauert nur bescheidene zwei Jahre.

Er wird von ungefähr 20 Afrikanern und drei französischen Spezialisten, einem Arzt, einem Militär und einem Naturforscher, begleitet. Es gelingt ihnen, den Ogowé aufwärts zu fahren; sie müssen aber schließlich feststellen, daß der Fluß sich nicht – wie sie es sich eigentlich erhofft hatten – als Verkehrsweg ins Landesinnere nutzen läßt. Als der Ogowé nicht mehr befahrbar ist, wechselt die Gruppe zum Alima, einem Zufluß des Kongos. Dort werden sie jedoch von der einheimischen Bevölkerung zurückgehalten, die direkt

am Flußufer siedelt. Brazza kehrt lieber um, als es zu einer Auseinandersetzung kommen zu lassen, denn die Afrikaner scheinen ihm überlegen zu sein. Dies hat die Konsequenz, daß es nicht ihm, sondern Stanley vergönnt ist, als erster bis zum Kongo vorzudringen.

Die ersten Beschreibungen von Gorillas (oben) lassen eher an schreckenerregende Ungeheuer als an die relativ friedlichen Affen denken: „Das Brüllen eines Gorillas ist das fremdartigste und schreckenerregendste Geräusch, das man in diesen Wäldern hören kann. Es beginnt mit einem abgehackten Bellen und wird dann zu einem dumpfen Grollen, das wahrhaftig einem fernen Donner ähnelt." (Du Chaillu)

Als Brazza 1880 von Stanleys Expedition erfährt, überzeugt er die französische Regierung davon, sich in diesen Regionen politisch zu engagieren. Er glaubt tatsächlich an den zivilisatorischen Auftrag seines Landes, vor allem im Kampf gegen den Sklavenhandel – und hat weder Achtung vor Stanley noch vor den Engländern. Brazza wird erneut an die Spitze einer kleinen Expeditionstruppe gestellt, die zunächst den Ogowé hinauffährt und dann in Höhe des Stanley Pools auf das Nordufer des Kongo stößt. Die Gegend wird von den Bateken bewohnt und von Mukoko regiert. Als Mukoko den französischen Forschungsreisenden einen feierlichen Empfang bereitet, bietet Brazza ihm einen „Freundschaftsvertrag" an. Dieser akzeptiert und stellt damit seine Territorien unter französisches Protektorat.

Er schenkt Brazza sogar ein Stück Land, auf dem später Brazzaville entstehen wird. Als einzige Gegenleistung bieten die Franzosen dem Herrscher eine Trikolore an.

Nach einer kurzen Zusammenkunft mit Stanley läßt Brazza seinen Vertrag von Frankreich anerkennen und reist 1883 ein weiteres Mal mit einem Auftrag ab: Er soll Poststationen gründen und in der Gegend des Ogowé topographische und ethnographische Erhebungen vornehmen.

Der französische Ministerpräsident Jules Ferry bestärkt Brazza darin, Französisch-Kongo zu besetzen, muß aber 1885 wegen Schwierigkeiten in Asien abdanken.

Da Frankreich nun nicht mehr zögert, in das Kolonialgeschäft zu investieren, besteht die Expedition diesmal aus einigen hundert Mann. Dennoch wird Brazza 1885 zurückgerufen. Er verbringt die Folgejahre damit, sein kolonialistisches Ideal einer menschenfreundlicheren Eroberungspolitik zu verteidigen. Die große Standhaftigkeit, mit der er an diesem Ideal glaubwürdig festhält, macht ihn sehr populär.

Eine außergewöhnliche Persönlichkeit: Mary Kingsley

In der langen Reihe männlicher Forscher gibt es eine bemerkenswerte Ausnahme: Mary Henrietta Kingsley, die 1893 nach Äquatorialafrika aufbricht. Ihre Reisen haben ein zweifaches Ziel: Sie will seltene Fische für das British Museum mitbringen und Informationen über die afrikanischen Religionen sammeln. Dazu organisiert sie zwei Expeditionen, die von Juli bis Dezember 1893 und von Dezember 1894 bis November 1895 dauern.

Per Schiff fährt sie die afrikanische Küste von Senegal bis nach Angola entlang. Aber die Region, die sie hauptsächlich interessiert, ist das heutige Gabun, wo sie sich 1895 lange aufhält. Die Forscherin läßt sich nur von einigen Trägern begleiten, fährt den Ogowé aufwärts und reist dann zu Land durch unkartographiertes Gebiet nordwärts in Richtung Rembwe. Mary Kingsley finanziert ihre Unternehmung nur mit ihren bescheidenen persönlichen Mitteln; auch handelt sie mit Rum, Tüchern und Angelhaken, die sie gegen Elfenbein und Fische für das Museum eintauscht. Am Ende ihres Aufenthalts im Jahre 1895 besteigt sie als erste Frau den Kamerunberg (Cameroon Mountain). Auf dem Gipfel legt sie ihre Visitenkarte zwischen zwei Steine und „überreicht" sie damit sozusagen den Naturgewalten. Diese Anekdote demonstriert

Mary Kingsley wird 1862 als Tochter eines Arztes und einer Hausangestellten geboren. Latein, Physik und Chemie bringt sie sich selbst bei; auch nimmt sie einige Deutschstunden. Ihr Vater, ein unermüdlicher Reisender, vermittelt ihr die Freude an fernen Ländern. Seine Bibliothek, die eine Unmenge von Reiseberichten und naturwissenschaftlichen Werken enthält, dient ihr zur Bildung und Unterhaltung. Ein Leben inmitten ihrer Familie ist ihr nur bis zu ihrem 30. Lebensjahr vergönnt, als sie kurz hintereinander ihre Eltern verliert.

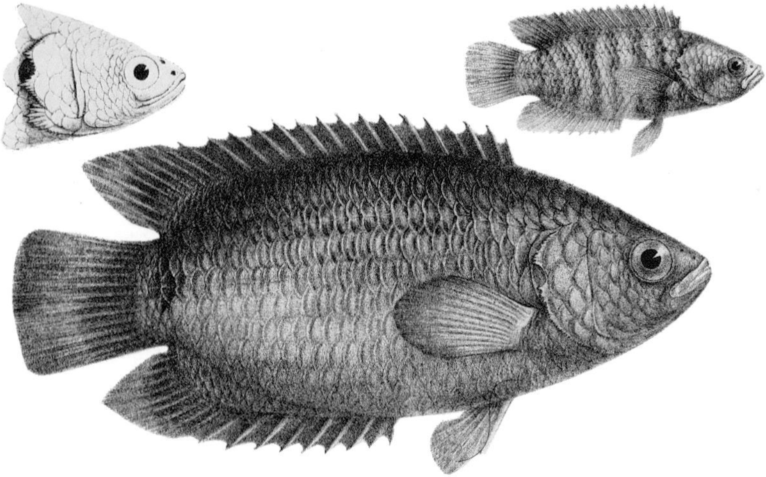

beispielhaft, wodurch sich Mary Kingsley von ihren männlichen Kollegen unterscheidet: Nicht nur Kühnheit und Mut, sondern auch Humor und Selbstironie zeigen sie als eigenwillige und originelle Persönlichkeit. Ihre Expeditionen sind vergleichsweise kurz, ihre Methoden außergewöhnlich: Im Gegensatz zu vielen anderen reist sie mit relativ leichtem Gepäck, lehnt es ab, getragen zu werden, durchschwimmt Sümpfe, lernt, einen Einbaum selbst zu steuern, schläft unter freiem Himmel und ißt, was man ihr vor Ort anbietet. Der einzige Luxus, den sie sich hin und wieder gönnt, ist Tee!

Mary Kingsley ist besonders stolz darauf, dem British Museum unbekannte Fischarten mitgebracht zu haben, denen sie übrigens ihren Namen gibt: Sie werden heute als Kingsleyae bezeichnet. Die selbstgefischten oder afrikanischen Fischern abgekauften Exemplare konserviert sie in voluminösen Alkoholbehältern, damit sie die weite Reise bis zur Heimatinsel unbeschädigt überstehen.

Eine frühe Ethnographin

Die Amateurethnographin hält sich bei den Fang in Gabun auf. Sie versucht deren Kultur zu verstehen, um den schlechten Ruf der als Menschenfresser verunglimpften Fang zu verbessern. So untersucht sie eine Reihe afrikanischer Sitten, wie etwa die Polygamie, die sie vor den Missionaren verteidigt. Statt moralische Urteile zu fällen, will sie die Bräuche dieses Kontinents verstehen lernen, denn sie vertritt die zu jener Zeit beinahe revolutionäre Ansicht, daß die Eigenart jeder Kultur respektiert werden muß. Als sie 1895 wieder nach England zurückkehrt, ist sie dort durch die Artikel, die sie an einige Zeitungen geschickt hat, schon bekannt, und die Leser sind gespannt darauf, mehr von ihr zu erfahren. Sie verfaßt ihr erstes

Werk, „Travels in West Africa", das 750 Seiten umfaßt und 1897 erscheint. Der Titel des Buches ist etwas irreführend, da sie weniger West- als vielmehr Äquatorialafrika bereist hat. Das Buch der bald als Schwarzafrika-Spezialistin anerkannten Forscherin hat großen Erfolg: Bereits im ersten Jahr wird es viermal neu aufgelegt und durch den zweiten Band „West African Studies" ergänzt. Inhaltlich konzentrieren sich die Bücher vor allem auf die Beschreibung von sozialem Gefüge und Kultur schwarzafrikanischer Stämme. Als private Beraterin des Kolonialministers Joseph Chamberlain lernt sie den Anthropologen Sir Edward Burnett Tylor kennen und freundet sich mit Stanley und Rudyard Kipling an, die von ihren ethnographischen Erfahrungen profitieren.

Bereits im Alter von 39 Jahren stirbt Mary Kingsley an einer Tropenkrankheit in Südafrika, wo sie als Krankenschwester arbeitet und die von den Engländern gefangengenommenen Buren pflegt. Als stolze Imperialistin (sie vergleicht die antiimperialistische Strömung mit einer Choleraepidemie!) kämpfte sie für eine „intelligente", auf das Brauchtum der Afrikaner abgestimmte und somit wirksamere Kolonialisierung. Nicht zuletzt bewies sie der restriktiven viktorianischen Gesellschaft, daß nicht nur Männer erfolgreiche Forscher sein können.

Das Photo einer Familie der Fang (oben) ist von Mary Kingsley aufgenommen. Sie war eine der wenigen vor Ort arbeitenden Ethnographinnen. Ihre empirische Arbeitsweise und ihre Folgerungen konnten sich zu dieser Zeit noch nicht auf ein solides theoretisches Gerüst stützen. Denn die Völkerkunde ist damals noch eine junge Wissenschaft, und Mary Kingsley bleibt ein Kind ihrer Zeit. So geht sie z. B. fälschlicherweise davon aus, daß Schwarze und Weiße nicht vom gleichen Menschheitszweig abstammen.

FÜNFTES KAPITEL

DER BERUF DES FORSCHUNGS-REISENDEN

Manche Forscher beginnen ihre Laufbahn ohne fachliche Ausbildung, müssen dann aber schnell feststellen, daß man in Afrika nicht von heute auf morgen zum Entdecker wird. Der Erfolg einer Expedition hängt vom Können der Forscher ab – und vielleicht mehr noch von den Qualitäten ihrer weniger bekannten aber ebenso wichtigen Begleiter. Sorgfältige Organisation und Vorsorge ist ebenso unverzichtbar wie Ausdauer.

„Wer sich vorgenommen hat, Afrika zu erforschen, der hat in Sansibar einiges zu tun. Die Zeit vergeht schnell; jede Minute muß für den Kauf verschiedener Stoffe, Glasperlen und Drähte verwendet werden, die die gängige Währung des Landes sind, in das man reisen will."
H. M. Stanley

Sansibars exponierte Stellung weckt bald das Interesse der britischen Kolonialmacht. Schon 1873 erreicht sie, daß Sultan Bargash den Sklavenhandel abschafft, und 1874 notiert Stanley mit großer Befriedigung, daß eine Kirche an der Stelle eines einstigen Sklavenmarktes errichtet wird.

Eine Expedition wird in zwei Etappen vorbereitet.

Sicherlich ist Abenteuerlust eine unerläßliche Voraussetzung für jede Expedition – aber dieser Faktor ist nicht ausreichend. Schon in Europa sollte man einige Informationen über die Gebiete einholen, die man bereisen möchte.

Mary Kingsley trägt zum Beispiel Informationen aus Bibliotheken zusammen, liest die Berichte ihrer Vorgänger (Du Chaillu, Brazza, Stanley …) und vertieft sich in verschiedene Atlanten, um sich mit der Geographie des Kontinents, soweit sie erfaßt ist, vertraut zu machen.

Meist knüpfen die Forscher Kontakte zu einflußreichen Personen: Zum Großteil rüsten sie sich daher mit Empfehlungsschreiben an Europäer aus, die in Afrika leben. So können sie damit rechnen, von Gouverneuren, Konsuln oder anderen Amtsträgern schon erschlossener Territorien empfangen oder unterstützt zu werden.

Nach seiner Ankunft in Afrika muß der Forscher zunächst Männer für seine Expedition anwerben; dabei kann er wie Mary Kingsley vorgehen und persönlich einige Freiwillige auswählen, oder er betraut einen Werber mit dieser Aufgabe. In Sansibar stellen in der Regel Araber Freiwillige zusammen.

Was man auf keinen Fall vergessen darf

Eine der großen Aufgaben vor der Abreise besteht in der Kunst, das Gepäck systematisch vorzubereiten. Da die Reiseapotheke über Leben und Tod entscheiden kann, wird sie im allgemeinen einem Träger anvertraut, dessen Treue schon unter Beweis gestellt wurde. Neben Chinin, das ab 1860 vorbeugend gegen Fieber eingesetzt wurde, nimmt man Morphine, Salben, Stärkungsmittel, Bandagen und Alkohol mit, zu denen unterwegs – wenn den Europäern die mitgebrachten Arzneimittel langsam ausgehen – Pflanzen und traditionelle

Vielen Expeditionen geht ein Fahnenträger voraus. Es handelt sich dabei einerseits um ein Symbol des Nationalstolzes, andererseits darum, von weitem erkennbar zu sein. So kann Livingstone mit einem Blick feststellen, daß die auf ihn zukommende Expedition – zu seiner großen Erleichterung – von einem Amerikaner geführt wird; er befürchtete nämlich, daß es sich um einen Franzosen handeln könnte, von dessen Sprache er kein Wort verstehen würde!

Heilmittel der jeweiligen Region hinzukommen. Die Lagerausrüstung ist erstaunlich komfortabel: Obwohl die Forscher im allgemeinen nichts gegen ein rustikales Leben haben, bestehen manche sogar auf einem Bett! Auch führen sie gewöhnlich Zelte, Planen, Decken, Matratzen, Kopfkissen, Moskitonetze und Matten mit. Die Träger haben sich mit Decken zu begnügen. Robuste Kleidung und Schuhe müssen wegen des feuchten Klimas häufig erneuert werden, so daß Burton beispielsweise drei Truhen davon mitnimmt. Eine seltsam große Bedeutung kommt dem Flanellstoff im Tropenklima zu: Er wird hochgeschätzt, da er scheinbar vor Fieberkrankheiten und der Sonne schützt.

Alle Afrikaforscher, auch jene aus einfacheren sozialen Verhältnissen, zählen zur Bildungselite, wie ihr Hang zu Büchern und ihr Glaube an die Wissenschaft bezeugen.

Werkzeuge werden mitgenommen, um Wege zu bahnen, behelfsmäßige Brücken, Hütten und Einbäume zu bauen. An Waffen muß gedacht werden, und nicht zuletzt ist auch der Proviant reichlich zu bemessen: Salz, Gewürze, Tee, Kaffee, Fisch, Fleisch und Gemüse in Konserven, Öl, Zucker und Kekse ergänzen das Wild und andere verfügbare Nahrungsmittel vor Ort.

Manchmal befinden sich die ungewöhnlichsten Dinge in den Gepäckballen.

Kein Forscher begibt sich ohne seine Lieblingsbücher auf Reisen: Mary Kingsley nimmt ein Fachbuch über Fische und Richard Burton mindestens 20 Bände verschiedensten Inhalts mit.

Von Stanley wird sogar berichtet, daß er bei der Fahrt auf dem Kongo Shakespeare las. Dieses Werk erweist sich übrigens als sehr nützlich, als die mißtrauisch gewordenen Afrikaner eines Tages vom Forscher fordern, sein Tagebuch, das sie für ein magisches Objekt halten, zu verbrennen. Anstatt sich von seinem wertvollen Notizbuch zu trennen, zieht er es vor, den Shakespeare-Band ins Feuer zu werfen.

Man rüstet sich auch mit wissenschaftlichen Instrumenten aus, die zu topographischen Messungen und zur Orientierung nötig sind: Chronometer, Sonnenuhr, Regenmesser, Kompaß, Sextant, Thermometer, Teleskop und Winkelmaß zählen zum Gepäck – und diese Liste ist nicht vollständig. Man muß nämlich auch Gewässermessungen vornehmen können (Höhen-, Längen-, Breiten- und Tiefenbestimmungen), was den Forschern nur mit Hilfe von Instrumenten möglich ist.

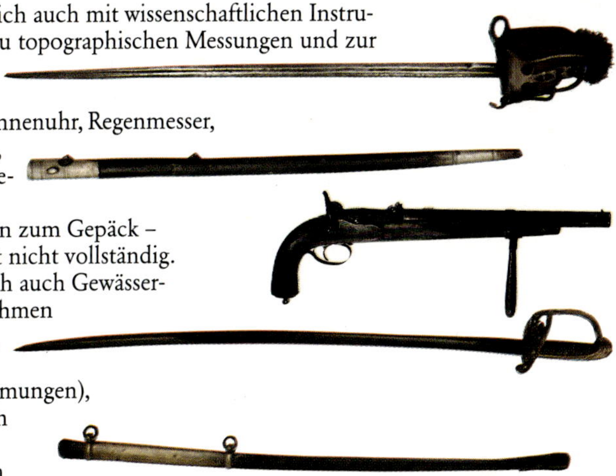

Schließlich enthalten die Gepäckballen auch Waren zur Bezahlung der Wegerechte: Die Völker im Inneren des Kontinents nehmen gerne Tücher oder Fertigwaren wie Angelhaken, Messingdraht und Feuerwaffen als Gegenleistung. Bestimmte Muscheln (Kauris) sind neben den Naturalien eine weit verbreitete Währung.

Natürlich hängt die Zusammenstellung des Gepäcks vor allem von der geplanten Expeditionsart ab: Mary Kingsley besitzt neben der Angelausrüstung lediglich einen Revolver, dessen sie sich nie bedient, und sie reist mit nur wenig Gepäck.

„Soldatenstiefel zum Marschieren und Stulpenstiefel zum Reiten scheinen mir am geeignetsten zu sein. Wir werden sie eine Nummer größer als für England nehmen."

R. F. Burton

Die Finanzierung der Expeditionen

Wenn man liest, womit ein Forscherungsreisender in der Regel ausgerüstet war, versteht man, daß die Finanzierungsfrage an erster Stelle stand. Bruce mußte für seine Reise nach Abessinien noch auf seine eigenen Ersparnisse zurückgreifen, während gegen Ende des 18. Jahrhunderts immer mehr Mäzene es auch weniger wohlhabenden Forschern ermöglichen, nach Afrika aufzubrechen.

Das Aufkommen wissenschaftlicher Gesellschaften, die die Expeditionen oft selbst initiieren, wird den Forschern zum Segen. Die Royal Geographical Society konnte ihren

Namen durch die Finanzierung von Spekes, Livingstones und Camerons Reisen für immer aufs engste mit der Erforschung Afrikas verbinden. Ansteigende Einkünfte der RGS erlauben diese Beteiligung.

Auch einige Fachzeitschriften spornen die Forscher zu Reiseberichten an, die sie großzügig honorieren. So gibt z. B. die französische Zeitschrift „Le tour du monde“ eine große Anzahl an Reiseberichten heraus.

Zu diesen privaten Wohltätern kommen offizielle Kreise hinzu. Seit den sechziger Jahren beginnen Regierungen, in geographische Forschungen zu investieren, wie z. B. das Außenministerium in Großbritannien oder das Marineministerium in Frankreich.

Am vorteilhaftesten ist es jedoch, durch mehrere finanzielle Förderer gleichzeitig unterstützt zu werden. Stanley hält dabei den Rekord, als er sich zur „Befreiung“ von Emin Pascha auf den Weg macht: Er verfügt über 33 000 Pfund, von denen er nur vier Fünftel ausgibt. Diese Summe ist der Großzügigkeit verschiedener Spender zu verdanken, unter denen sich auch die ägyptische Regierung (sie spendet beinahe die Hälfte der Summe), mehrere

Weit entfernte Gegenden zu erforschen – das läßt die jungen Leute träumen, die sich den erfahrenen Reisenden als Helfer anbieten.

britische Aristokraten (darunter ein Nachkomme von James Bruce), die Royal Geographical Society, Zeitschriftenleser sowie Handels- und Industrieunternehmen befinden. Mindestens ein Viertel der Gesamtausgaben machen die Transportkosten aus. Wenn auch der Lohn der Träger gering ist, so gibt man viel für die Überfahrt und den Transport auf Flüssen aus; hinzu kommen die Kosten der medizinischen Versorgung, Telegramme und der – allerdings geringfügigen – Unterhaltszahlungen an die Familien der unterwegs umgekommenen Träger.

Die Organisation einer Karawane folgt strengen hierarchischen Prinzipien.

Zu Beginn der Reise teilen die Forscher jedem Mann seine Aufgaben und seine Rolle in der Expedition zu. Gleichberechtigung gibt es nicht: Die Entscheidungsgewalt liegt immer beim Expeditionsleiter, sie wird von ihm nur an wenige Teilnehmer deligiert.

„Die Büros des ‚Telegraph' und des ‚Herald' erhielten mehr als 12000 Briefe von Menschen, die mit mir reisen wollten: Briefe von Offizieren, Ingenieuren, Seeleuten, Köchen, Magnetiseuren usw. Alle kannten Afrika und waren sicher, mir beste Dienste leisten zu können. Sie beteuerten, mich mittels eines Ballons befreien, uns unsichtbar machen oder die Wilden einschläfern zu können, um überall problemlos durchzukommen."

H. M. Stanley

Der Anstieg der Elfenbeinjagd zu Beginn des 19. Jahrhunderts erklärt sich aus einer wachsenden Nachfrage der Europäer nach Elfenbein. Man stellt daraus Klaviertasten, Billardkugeln und sehr beliebte Nippsachen für die Salons des Bürgertums her. Bei den Chokwe in Angola und den Nyamwezi bewirkt der Elfenbeinhandel eine soziale und wirtschaftliche Revolution. Dieses in ihrer Heimat nutzlose Material ermöglicht den Eintritt in die Weltwirtschaft und somit die Anschaffung von Feuerwaffen.

So gibt es etwa in jeder Karawane einen Ersten Offizier, der allerdings nur selten ein Afrikaner ist, denn im Aufbau der Truppe spiegelt sich die westliche Weltsicht wider: An der Spitze steht der Weiße, ihm folgt der Araber, und ganz unten befinden sich die Schwarzen.

Dennoch werden einige Afrikaner auf verantwortungsvollen Posten geduldet: Die größeren Karawanen setzen sich manchmal aus Hunderten von Leuten zusammen. In diesem Falle werden sie in kleine Unterabteilungen eingeteilt; jede wird von einem Vorsteher geleitet, der für seine Leute verantwortlich ist. Oft sind das Afrikaner, die nach praktischen und psychologischen Gesichtspunkten ausgewählt werden:

Sie sprechen im allgemeinen Suaheli und gehören dem stark islamisierten Kulturkreis der Ostküste an. Alle untergeordneten Aufgaben wie die der Träger, Ruderer und Hilfskräfte sind ausschließlich Afrikanern vorbehalten.

Aber selbst dort wird noch differenziert, wobei sich sogar deutliche ethnische Spezialisierungen erkennen lassen. Manche Stämme werden nur als Träger angeworben; die Nyamwezi wiederum, die zwischen dem Victoria- und dem Tanganjikasee leben, gelten als treu und arbeitsam. Zudem kennen sie als Elfenbein- und Sklavenhändler die Strecke

Kapitän Marchand wird von 150 senegalesischen Schützen begleitet. Diese Leute werden auch als Träger, Soldaten und sogar als Diener der französischen Offiziere eingesetzt. Die im französischen Ort Epinal hergestellten Postkarten, auf denen man die französischen Forschungsreisenden abbildet, verbreiten das kolonialistische Ideal.

zwischen Bagamoyo und ihrer Heimat gut. Mary Kingsley zieht es ihrerseits vor, Galwas anzustellen, die als die besten Ruderer von Gabun bekannt sind.

Uledi, der Stanley auf drei Expeditionen begleitet, ist Kapitän an Bord der „Lady Alice“. Als ausgezeichneter Schwimmer rettet er insgesamt ein Dutzend Menschen vor dem Ertrinken. Bereits im Alter von 25 Jahren zählt er zu den Vorstehern der Expedition, die 1874 den Kongo abwärts fährt.

Die Aufgabenverteilung während einer Expedition

In den Gegenden, in denen die Lasttiere besonders von der Tsetsefliege bedroht sind, wird nicht selten der Großteil des Transports auf Menschenrücken durchgeführt. Die Träger stellen also die bei weitem größte Gruppe der Karawane, oft sind es drei Viertel der Angeworbenen. 1874 läßt Stanley alle seine Männer einen persönlichen Vertrag vor Zeugen unterschreiben. Der Text sieht vor, daß die Angestellten eine Vorauszahlung von vier Monatslöhnen bekommen und im Krankheitsfall gut behandelt und gepflegt werden. Als Gegenleistung verpflichten sie sich, mindestens zwei Jahre lang für Stanley zu arbeiten. Jeder Träger hat einen bestimmten Platz in der Kolonne, und die Gepäckballen werden ihm namentlich zugeteilt. Seine Last beträgt zwischen 28 und 32 kg.

Natürlich besteht eine Expedition nicht nur aus Trägern. Die Forscher umgeben sich mit einem oder zwei Dienern, die ihre Waffen tragen, ihnen Mahlzeiten servieren und andere Dinge für sie erledigen. Diese „boys" sind oft noch sehr jung und wegen ihrer Ergebenheit, Gewandtheit und ihres Gehorsams geschätzt. Älter sind die Männer der bewaffneten Eskorte, die das Leben des Expeditionschefs schützt.

Kalulu hieß der 1871 von Stanley engagierte Junge: „Ich bemerkte bald seine große Lernfähigkeit und erhob ihn in den Rang der Dienerschaft. Es ist unmöglich, deren Aufgaben besser auszufüllen, als er es konnte. Selbst Selim hätte zu Tisch nicht mit der gleichen Geschwindigkeit erraten, was ich gerade benötigte. Man kann sich die Geschicklichkeit und Aufgewecktheit von Kalulu kaum vorstellen. Seine kleinen schwarzen Augen glitten ständig von einem Objekt zum nächsten, untersuchten das zu lösende Problem, suchten, was demnächst benötigt werden konnte." Kalulu stirbt 1877 in den Stromschnellen des Kongo, die Stanley nach ihm benennt.

Der Koch zählt zu den wichtigsten Teilnehmern der Expedition. Schließlich ist er es, der die körperliche Verfassung der ganzen Truppe entscheidend beeinflußt.

Eine weitere wichtige Person ist der Dolmetscher, von dem jede Verständigung mit der einheimischen Bevölkerung abhängt. Denn Burton, der sich als wahres Sprachgenie erweist, stellt unter den Afrikaforschern eher die Ausnahme dar. Im allgemeinen sind sie nämlich kaum an den afrikanischen Sprachen interessiert, selbst wenn sie nach mehreren Monaten einige Bruchteile verstehen. Mary Kingsley geht sogar soweit, mit irreführender Naivität zu behaupten, daß die Sprachen des Gabun unglaublich einfach seien.

Ostafrikas Verkehrssprache ist das der Bantugruppe zugehörige Suaheli. Die Dolmetscher sprechen auch arabisch und manchmal englisch oder vielmehr ein vereinfachtes Englisch (Pidgin-English), das die Entdecker aus Spottlust und oft aus Verachtung imitieren. Häufig ist die Zusammenarbeit mehrerer Dolmetscher nötig: Im einfachsten Falle übersetzt einer vom Suaheli ins Arabische und ein weiterer vom Arabischen ins Englische (und umgekehrt). In anderen Gegenden werden Afrikaner engagiert, die die Sprachen der einflußreichsten Europäer sprechen: Portugiesisch und Französisch.

Es kommt vor, daß ein Lager für mehrere Tage errichtet wird und so ein provisorisches Dorf bildet. Man organisiert Exkursionen oder wissenschaftliche Untersuchungen, sammelt Proviant, pflegt Kranke und vervollständigt Aufzeichnungen.

Capitaine à 29 ans, il expose au Ministre des Affaires Étrangères son vaste et hardi projet de traverser toute l'Afrique avant les Anglais et il en reçoit aussitôt la périlleuse mission.

Après cette expédition qui dure plus de trois ans et que les Anglais avaient déclarée impossible, il plante le premier le drapeau tricolore sur les bords du Nil à Fashóda, s'y établit formidablement et y cultive des légumes et des fleurs.

Devant l'énergique attitude de l'héroïque Marchand, le général anglais s'entend avec lui pour qu'un officier de la mission aille en France aviser le gouvernement.

Il est l'espoir d

Vive Ma

Les tristes nécessités de la politique l'obligeant à se retirer, il quitte Fashoda la mort dans l'âme, et reçoit les honneurs militaires de <u>toute</u> l'armée anglaise.

: chef de bataillon et Commandeur
gion d'Honneur, il est royalement
Ménélick, Empereur d'Abyssinie,
ıvre d'honneurs et de présents.

Suivi de son intrépide état-major, et de la petite armée de ses fidèles tirailleurs noirs, il traverse les arides déserts et les marécages de la brousse, où, à toute minute, il court les plus grands dangers.

Il voit arriver les Anglais, et il fait serment, avec ses braves compagnons, de mourir à son poste.

En France, il reçoit, partout sur son passage, l'accueil le plus enthousiaste et il est l'objet à Paris, au Cercle Militaire, d'une ovation triomphale.

Die Faschoda-Krise

Jean-Baptiste Marchand wird um die Jahrhundertwende zu einem der großen Volkshelden Frankreichs. Man beauftragt ihn mit einer Expedition, die vom Kongo zum Nil führen und eine französische Ost-West-Achse von Dakar nach Djibouti errichten soll. Damit will man den Atlantik mit dem Roten Meer verbinden und die angestrebte englische Achse zwischen Kairo und dem Kap durchbrechen.
1896 übernimmt Kapitän Marchand die Führung einer sehr großen Truppe. Auf seinem Vorstoß in Richtung Niloberlauf bekämpft er unter dem Vorwand der Befriedung des Landes erbarmungslos antifranzösische Aufstände. Im Juli 1898 gelangt die Expedition zur sudanesischen Station Faschoda. Kaum ist die französische Flagge gehißt, als auch schon 20 000 von Horatio H. Kitchener geführte Angloägypter anrücken. Eine schwerwiegende diplomatische Krise entsteht daraufhin zwischen den beiden Nationen. Im November ordnet Frankreich schließlich den Rückzug Marchands an, was die französischen Nationalisten so kränkt, daß sie diese Affäre zum Thema einer von Patriotismus getragenen Propaganda machen. Ein Beispiel dafür ist der hier original wiedergegebene Bilderbogen.

Die entscheidende Rolle der Afrikaner bei der „Entdeckung" ihres Kontinents

Man wird den Anteil der Afrikaner an den „Entdeckungen" nie genug betonen können. Wer erinnert sich noch an Chuma, Susi, Bombay, Uledi und an viele andere? Obwohl sie ebenso mutig waren wie die Europäer, sind ihre Namen in Vergessenheit geraten. Sie bleiben lediglich die „schwarzen Begleiter", um den Titel eines ihnen gewidmeten Werkes zu zitieren. Der ganze Ruhm wird allein den Europäern zugeschrieben, und man vergißt die entscheidende Rolle der Rudermannschaften, Träger, Spähtruppen, Dolmetscher und Führer allzu schnell. Oft sind sie jedoch echte Fachleute, neben denen die Europäer wie bescheidene Amateure aussehen.

Manche Afrikaner nehmen nacheinander an mehreren Expeditionen teil. Nach einigen Jahren haben sie folglich weit mehr Kilometer zurückgelegt als ihre Expeditionsleiter. Die Durchquerung Afrikas unter der Führung von Stanley oder Livingstone ist eine exzellente „Visitenkarte", die als Grundlage für eine hervorragende Laufbahn dienen kann. Jeder Forscher versucht bald, die Gefolgschaft seines Vorgängers anzuwerben, um von ihrer Erfahrung zu profitieren. Manche Führer standen so im Dienste von vier oder fünf europäischen Entdeckern! Bombay,

Livingstone gesteht ein, daß er nur dank der Hilfe der Afrikaner den Kontinent durchqueren konnte: „Sekeletu schenkt mir zwölf Rinder, Hacken und Glaskugeln, damit ich ein Boot kaufen kann.

who has accom

Ohne seine Großzügigkeit wäre meine Reise unmöglich gewesen. Die Kololos und verschiedene andere afrikanische Stämme verschafften mir die Mittel, bis zur Ostküste reisen zu können. Dafür werde ich ihnen immer dankbar sein."

ein dem Volksstamm der Yao zugehörender einstiger Sklave, folgt 1857 Burton, 1860 Speke, dann 1871 Stanley und schließlich Cameron im Jahre 1876. Chuma, ein weiterer freigelassener Sklave aus dem Stamm der Yao, findet sich an Livingstones Seite und nimmt an anderen Expeditionen teil; das gleiche gilt für Susi.

Die Royal Geographical Society belohnt diese zu jener Zeit berühmten Afrikaner für ihre guten und treuen Dienste: 18 Männer aus Spekes Expedition erhalten eine Medaille, und 60 Begleiter von Livingstone werden nach dessen letzter Expedition ausgezeichnet. Zusätzlich wird an manche von ihnen eine kleine Pension auf Lebenszeit gezahlt: Bombay sieht so 1876 seine Altersversorgung nach ununterbrochenem Reisen gesichert.

Die afrikanischen Begleiter Chuma und Susi (oben) sind zu ihrer Zeit berühmt. Häufig waren den Afrikanern die erforschten Gegenden schon vor der „Entdeckung“ durch die Europäer vertraut.

Prüfungen während der Reise

Den Afrikanern gebührt um so mehr Anerkennung für ihren Einsatz, als die Arbeit für Expeditionen keine leichte Aufgabe ist. Bei der Expedition von Burton schwankt ihr niedriger Verdienst zwischen sieben und 20 Dollar pro Jahr (Said bin Salim, seine rechte Hand, erhält jedoch 500 Dollar!). Vor allem aber werden die nützlichen Arbeitskräfte nicht immer rücksichtsvoll behandelt; insbesondere Stanley ist bekannt für seine skrupellosen Methoden.

"Moobarik Bombay"
ed Capt. Speke during 2 Expeditions in Central Africa.

Die Sterberate unter den Afrikanern ist entsetzlich hoch: Von durchschnittlich 20 Prozent steigt sie in feuchten Jahreszeiten häufig auf 50 Prozent an. Die Todesursachen variieren: Kämpfe und Hinterhalte, Ertrinken, Fieber (Malaria und Typhus), Ruhr, Skorbut, Angriffe wilder Tiere, Erschöpfung und auch Unterernährung. Selbst die Europäer bleiben davon nicht verschont: Alle Landsleute von Stanley kommen bei der Expedition zum Kongo um.

Die Afrikaner und zum Teil auch die Araber besitzen gute geographische Kenntnisse ihres Kontinents. Allerdings sind sie nicht daran interessiert, sie wahllos weiterzugeben, denn das könnte Habgier wecken. Der Verdienst der Europäer ist es, die topographischen Gegebenheiten aufzuzeichnen und so allgemein zugänglich zu machen.

Als Todesursache stehen bei den Weißen jedoch verschiedene Fieberkrankheiten an erster Stelle.

Da die Forscher sich davor fürchten, daß Trinkwasser- und Nahrungsvorräte vorzeitig zur Neige gehen, sorgen sie durch Jagd und Fischfang für Nachschub, oder sie versuchen auch, während ihrer Reise Lebensmittel von der Bevölkerung zu kaufen. Dennoch sind Hunger und Krankheit das Los aller Expeditionsteilnehmer.

Unter diesen Bedingungen ist es kein Wunder, daß angeheuerte Expeditionsteilnehmer häufig desertieren: 55 der 98 von Burton engagierten Männer flüchten unterwegs. An den Rastquartieren müssen daher erneut Leute angeworben werden, was zu einer Mischung von Angehörigen verschiedener Volksstämme innerhalb der Expedition führt.

Man kommt oft nur langsam voran, und wenn auch 25 km pro Tag ein guter Durchschnitt sind, so ist es durchaus möglich, daß ein Trupp mehrere Tage benötigt, um diese Strecke zurückzulegen.

Unter anderen Unannehmlichkeiten erschweren auch Tiere den Forschern das Leben. Mehr noch als Krokodile und Raubkatzen sind die Moskitos und die Tsetsefliege die gefürchtetsten Feinde. Mary Kingsley, die sie verabscheut, erklärt ausführlich, wie man eine lästige Fliege am

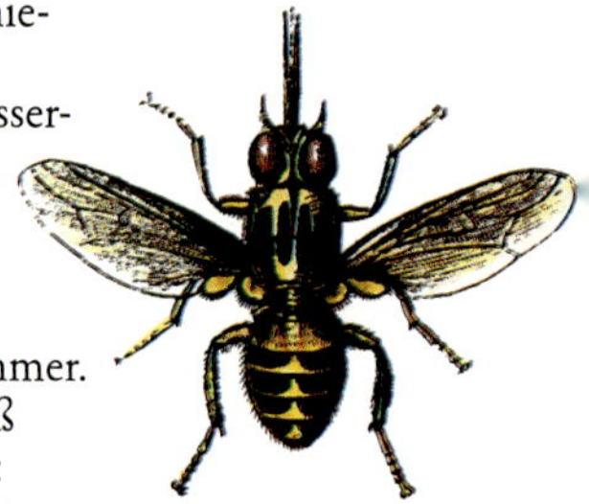

Die Tsetsefliege, die beim Menschen die Schlafkrankheit hervorruft, dezimiert auch manche Tierarten. Rinder, Pferde und Hunde sind anfällig, während Esel und Maultiere ein wenig resistenter sind. Dieses Insekt ist unregelmäßig über den ganzen Kontinent verteilt, und Livingstone zieht es vor, die von dieser kleinen, tödlich wirkenden Fliege bevölkerten Gegenden bei Nacht zu durchqueren.

günstigsten zerdrückt: Anstatt zuzuschlagen, soll man sich ihr langsam mit den Fingern nähern und dann kräftig zudrücken. Sie beschreibt ebenfalls, wie sie sich nach der Durchquerung eines Sumpfes der Blutegel entledigt, die ihren Hals schmücken.

"LOOK OUT, YOU DROP THAT BOX I'LL SHOOT YOU."

Trophäen einer gefährlichen Reise

Schon vor ihrer Rückkehr nach Europa verbreiten sich die Nachrichten über erfolgreiche Expeditionen. In ihr Heimatland zurückgekehrt, reisen die Forscher kreuz und quer durch das ganze Land, um den zahlreichen Einladungen für Vorträge zu folgen und Bildungskreise bis hin zu Frauenzirkeln mit ihren neuesten Abenteuern zu unterhalten. Fast jeder veröffentlicht seinen Reisebericht, mit der bemerkenswerten Ausnahme von Brazza, der nur wenige Artikel verfaßt. Einige Forscher überlassen ihre Reiseutensilien auch verschiedenen wissenschaftlichen Organisationen zur Dokumentation. So kann man heute beispielsweise

Stanley schreckte nicht davor zurück, brutal mit ungehorsamen Expeditionsbegleitern zu verfahren. Um über schwerwiegende Fälle zu entscheiden, bildete er unterwegs sogar ein „Volksgericht“, das zwei Männer (ein Mörder und ein Deserteur) zum Tode verurteilte.

den kleinen Hut von Mary Kingsley bei der Royal Geographical Society bewundern.

Indem die Forscher an ihrer eigenen Popularität arbeiten, die nicht selten eine exzellente Einnahmequelle darstellt, unterrichten sie gleichzeitig das gebildete Publikum über den kaum bekannten Kontinent. Die Zeit der „Salonforscher", die mit dem Finger auf der Landkarte reisen, hat begonnen.

Zwar stellt die Reiseliteratur des 18. und 19. Jahrhunderts eine der seltenen Informationsquellen über Afrika dar, ihr Inhalt ist jedoch weit davon entfernt, objektiv zu sein. Denn er transportiert die Ideologie einer Epoche, die der Überzeugung ist, daß die Weißen den Schwarzen überlegen sind. Deshalb werden die Afrikaner immer durch einen rassistischen Zerrspiegel gesehen. Mit unbekümmerter Arroganz wird den Schwarzen eine erstaunliche Menge an schlechten Charaktereigenschaften zugeschrieben: Faulheit, Feigheit, Verlogenheit, Grausamkeit, ja sogar Degenerierung. Der staatlichen Ordnung und hierarchischen Struktur der westeuropäischen Gesellschaft stellt man die Zügellosigkeit entgegen, die angeblich in den Tropen herrscht. Sicherlich gestehen die Forscher einige Ausnahmen ein, jedoch nicht ohne sich über sie äußerst erstaunt zu zeigen. Zu bemerken ist auch, daß die Intensität der rassistischen Beurteilungen der Afrikaner bei den verschiedenen Forschern unterschiedlich stark ist: Livingstone oder Mary Kingsley verfallen weniger leicht in voreingenommene Klischees als Baker.

Die Grenzen der Reiseliteratur

Jeder Forscher ist gehalten, den Erwartungen seines Publikums zu entsprechen, das enttäuscht wäre, wenn es nicht bei der Beschreibung von kannibalischen Festessen frösteln oder sich nicht über Ausschweifungen entrüsten könnte. Man findet daher immer Abschnitte über diese Sensationsthemen, die „obligatorischen Passagen", die Mary Kingsley mit Humor abhandelt, andere jedoch mit moralischer Entrüstung vortragen.

Die französischen Offiziere unterstreichen den angeblich „verdorbenen" Charakter der afrikanischen Bevölkerung mit entwürdigenden Klischees: „Welch seltsames Fest: Die Männer werden in den Hütten eingesperrt, während sich die Frauen einer barbarischen Tanzorgie hingeben. Von den Ältesten bis zu den Kindern berauschen sich alle durch Krakeelen und mit Obszönitäten."

Diese relative Einförmigkeit wird vor allem dadurch verstärkt, daß die Autoren alle die Berichte ihrer Vorgänger gelesen haben und sich daher gegenseitig beeinflussen (ohne aber dabei bis zum Plagiat zu gehen). So stammen die unter ihnen zirkulierenden Informationen oft aus zweiter, dritter oder gar vierter Hand.

Beim Publikum erfreuen sich die Forscher jedoch eines außergewöhnlichen Ansehens: Die Authentizität und Glaubwürdigkeit ihrer geschilderten Erlebnisse wird in der Regel nicht in Frage gestellt. Und doch präsentieren sie, die ihr Gebiet gut kennen und deren geographischer Beitrag unleugbar wertvoll ist, ihrem Publikum ein Bild von Afrika, das in weiten Teilen ein äußerst subjektives Phantasieprodukt darstellt. Aber wie könnte das auch anders sein – und vor allem: ist das heute anders?

Reiseberichte haben das Interesse der europäischen Elite geweckt, die man alsbald bei Kreuzfahrten auf dem Nil antreffen kann. Afrika ist zum Traumland geworden; die Entwicklung des Transportwesens und die Etablierung der Kolonialmächte erleichtern seinen Zugang, so daß nun auch Jäger diesen Kontinent aufsuchen, deren besondere Vorliebe Safaris in Ost- und Südafrika gilt.

ZEUGNISSE UND DOKUMENTE

Reise ins Unbekannte

Der tägliche Marsch durch unerforschtes Gelände stellte für alle Mitglieder einer Expedition eine extreme Belastung dar. Flüsse und Bäche mußten durchquert werden, tropische Urwälder wechselten mit trockenen Savannen.

Besonderen Belastungen waren die einheimischen Träger ausgesetzt. Auch die Europäer konnten die Anstrengungen ihrer Untergebenen nicht übersehen, schätzten aber ihre eigene, selbstgewählte Situation als weit schwieriger ein, da sie weder das Klima gewöhnt noch mit der Umwelt vertraut waren. So berichtet Baron Carl Claus von der Decken, der Ostafrika in den sechziger Jahren des 19. Jahrhunderts bereiste:

Die erste Nacht im Freien, die erste Nacht allein! Allein – so darf man sagen, auch wenn man in einem Dorfe nächtiget: so neugierig die Bewohner am Tage sind, nach Sonnenuntergang halten sie sich vom Lager

Besonders unangenehm und gesundheitsgefährdend war die Durchquerung von Sumpfgebieten. Stanleys Expedition durchquert hier den Makatasumpf.

fern. Bald verstummt die Unterhaltung, ein Jeder überläßt sich seinen Gedanken, sei es nun, daß sie in der fernen Heimat schweifen oder sich mit Dem beschäftigen, was die Zukunft in ihrem Schose trägt; die Gegenwart entschwindet, immer seltener und matter kommen Eindrücke von der Außenwelt zum Bewußtsein, immer allgemeiner und unbestimmter werden die Vorstellungen, und bald umfängt der Schlummer den Müden.

Lange vor Tag ruft das Krähen der Hähne zum Aufbruch. Die zuerst Erwachten erheben sich, wecken die Anderen, und bald herrscht reges Leben überall. Die Diener bereiten in Schnelle Thee für die Gebieter und satteln die Esel; die Träger packen ihr Schlafgeräth zusammen und befestigen es an ihren Bündeln: so arm diese Neger auch sein mögen, eine Matte hat ein Jeder zur Decke oder Unterlage, bereitet von der kunstfertigen Hand seines Weibes oder seiner Freundin. Der Morgen grauet; Alles ist bereit, und langsam setzt der Zug sich in Bewegung, voran die beiden Kilongolo, dann die Esel, danach die Träger und zuletzt die Europäer mit dem Mukurugensi. So wenigstens geschieht es zumeist in den ersten Tagen, so lange der Marsch noch durch Weiler und Dörfer führt, wo leicht der Eine oder Andere zurückbleiben und entweichen kann; späterhin in der Wildniß ist solche Vorsicht nicht mehr nöthig, weil Furcht die Leute zusammenhält.

Die Europäer gehen in leichter Tracht, in wollenem Hemde, Beinkleidern und Jacke von Flanell oder Baumwollenzeug, Leibbinde, Mütze oder Hut mit Shawlumwickelung oder mit einem Futter von frischgepflücktem Grase gegen die Wirkung der Sonnenstralen, in dicken, dreisohligen Stiefeln – nur selten barfuß, weil um die Mittagszeit mehrere Stunden lang der Boden so heiß ist, daß die verwöhnten Füße sich verbrennen würden – und ledernen Gamaschen bei dornigem Wege. Sie tragen nur ihr Jagdgewehr und diejenigen kleineren Gegenstände, welche sie fortwährend zur Hand haben müssen; die übrigen Gewehre, ebenso Instrumente, Küchengeräthe u. dergl. werden von den Hausdienern getragen. Dem jüngsten unter letzteren fällt die Sorge für das Kleinvieh zu d. h., für eine nachzuziehende Ziege oder für die Hühner, welche mit den Beinen nach oben in langer Reihe an eine Stange gebunden und in dieser unbequemen Lage stundenlang getragen werden, trotzdem aber sich ganz wohl zu befinden scheinen – wenigstens bleiben sie kräftig und fett, ja, wir haben eine Henne mit uns geführt, welche jeden Abend, wann sie losgebunden wurde, munter gackernd ein Ei legte.

Führer und Aufseher gehen gleichfalls ledig, müssen aber, wenn einer der Träger erkrankt, dessen Gepäckstück abwechselnd übernehmen. Umsomehr sind die Pagasi oder Träger beladen. Außer ihrem Msigo von verschiedenartiger Gestalt – lange Amerikanoballen, Drahtrollen oder Perlenpäckchen, Kisten, Kasten und Säcke – welches sie ausnahmslos auf dem Kopfe tragen, führen sie eine Kitoma Kürbisflasche voll Wasser, einen Pack mit Lebensmitteln, ihr Schlafgeräth und kleine Vorräthe an Zeug, Kauris u. dgl. zum Selbstgebrauche oder um Dies und Jenes, was

Die Reise mit der Tragstange war für die Expeditionsleiter eine sehr bequeme Art des Reisens, die häufig genutzt wurde.

Etwas aufwendiger als die gewöhnlichen Tragstangen war dieses Traggerüst aus Holz.

ihnen während der Reise in die Augen sticht, erwerben zu können, ein Paar lederne Sandalen, welche angezogen werden wo Dornen auf dem Wege liegen, eine schwere Muskete, wenn sie die Berechtigung dazu nachgewiesen haben, und jeder fünfte oder sechste einen Kochtopf: es ist in der That schwierig, auf Kopf, Rücken, Schultern und Lenden noch ein Plätzchen für Etwas mehr zu finden. Das Los eines Pagasi, mit derartiger Bepackung sechs bis acht Stunden täglich zu marschieren für Bohnenkost und wöchentlich ein- bis zweimal Fleisch und die Aussicht, nach Verlauf mehrerer Monate sechs Thaler zu erhalten (der Vorschuß ist selbstverständlich schon wenige Tage nach der Auszahlung verjubelt), kann somit kein beneidenswerthes genannt werden; dennoch aber sind diese Träger immer munter und guter Dinge und selbst zu außergewöhnlichen Anstrengungen bereit, wenn man sie nur zu behandeln weiß. (...)

Unterwegs, in der Wildniß, lebt man einfach genug von Dem, was man mit sich führt, anfangs von Reis, später hauptsächlich von Bohnen und einer Art Erbsen, da Reis im Inneren nicht mehr zu haben ist, und genießt dazu das vom letzten Halteplatz mitgenommene Fleisch, einige der verkehrt aufgehängten Hühner oder das Fleisch einer frischgeschlachteten Ziege. An bewohnten Orten hingegen schwelgt man zumeist im Ueberflusse. Milch und Honig fließt dann in Wahrheit, und nicht nur die Zahl der Mahlzeiten, auch die der Gerichte wird vervierfacht: süße Milch oder perlender Bananenwein bilden das Tafelgetränk, und der vorher ungezuckerte Thee wird mit dem gewürzhaften Honig des Landes versüßt; Hammel und Rinder werden geschlachtet, süße Kartoffeln und Bananen geben herrliche Zukost – man lebt so gut man kann, um die folgenden vier bis fünf Tage des Mangels desto besser überstehen zu können.

O. Kersten (Hrsg.):
Baron Carl Claus von der Deckens Reisen in Ost-Afrika in den Jahren 1859–1865

Nicht die aufsehenerregenden Entdekkungen und die spannende Jagd auf wilde Tiere bestimmten den Alltag eines Forschungsreisenden, sondern die Monotonie des täglichen Marsches. Krankheit und Hunger waren ständige Begleiter. Die Beschaffung der Nahrung stand oft im Mittelpunkt der Aktivitäten. David Livingstone hielt diese täglichen Sorgen in seinem Tagebuch fest:

16. Dezember. – Wir mußten über den Loangwa, der etwa achtzig Meter breit ist, setzen, weil auf dem diesseitigen Ufer nichts Eßbares aufzutreiben war.

Der Loangwa soll im Norden entspringen. Die Ufer sind aus angeschwemmter Humuserde gebildet und mit hohen Bäumen bewachsen, der Grund ist sandig; er ist fast ebenso reich an Sandbänken wie der Sambesi.

17. Dezember. – An Wild ist kein Mangel; ich sah Flußpferde und schoß zwei Pokuantilopen, Tfebulas genannt. Wir drangen drei Meilen nordwärts vor und fanden die Bevölkerung ungastlich. Man wollte uns keine Hütte zur Verfügung stellen, und so mußten wir Zelte aufschlagen.

18. Dezember. – Unsere Leute beklagten sich, daß sie sich auf dem Marsch durch unwegsame Wälder die Füße mit Dornen zerstochen hätten; ich mußte einen Führer aufnehmen, und der einzige, der sich bereit fand, wollte nur nach Molengas Dorf gehen; ich mußte also von der Marschroute nordwärts abbiegen.

20. Dezember. – Wir kamen nach Kafembé, einem elenden, aus wenigen Hütten bestehenden Dorf, das mit der Residenz des gleichnamigen Häuptlings im Moerogebiet keine Ähnlichkeit aufzuweisen hat. Die Leute sind außerordentlich mißtrauisch, keine Arbeit ist ohne Vorauszahlung des Lohnes zu erdingen; wir konnten weder Korn noch Gemüse auftreiben. Ich schoß einen Buschbock.

23. Dezember. – Der Hunger treibt uns vorwärts, denn von bloßer Fleischkost kann man nicht leben. Wir fühlen uns alle schwach, da ist ein Weg von drei Stunden täglich schon eine große Leistung.

Christtag 1866. – (...)
Ich habe meine vier Ziegen verloren; ich weiß nicht, ob sie gestohlen worden sind oder sich im Wald verlaufen haben; jedenfalls ist der Verlust schwer, denn in Zeiten des größten Hungers war mir ihre Milch ein Labsal, und ich konnte die gröbste, ohne Milch unverdauliche Kost vertragen. Einen Tag lang suchten wir nach ihnen, aber alles war vergeblich.

27. Dezember. – Unser Führer bat, wir sollten ihm ein Kleid leihen, denn es regnete in Strömen, und sein aus Baumrinden gefertigter Schurz war kläglich genug. Ich willigte ein, aber wenige Minuten nachher war er verschwunden. An Verfolgung war nicht zu denken, denn der Wald ist sehr dicht.

28. Dezember. – (...)
Bei uns ist große Not, denn ich konnte keine Jagdbeute machen. Ein ganzes Kleid mußte ich Moerwa schenken, damit er uns ein Gericht Maère bereite: Hirse und Elefanten-

magen. Es war ein wahres Fest für uns, wieder einmal satt zu werden, und wir waren überglücklich, als wir hörten, er werde morgen noch einmal für uns kochen. Aber am nächsten Abend stellte sich heraus, daß er nichts für uns angerichtet hatte: „Der Bote hatte gelogen." Ich glaube wohl, daß Moerwa selbst der Lügner ist – ein schlechter Typus von einem Dorfschulzen.

6. Januar 1867. – Nach dem Gottesdienst kamen zwei Leute zu uns und sagten, sie müßten nach Lobemba gehen und würden uns gerne bis zu Motunas Dorf führen. Die Leute sahen ehrlich aus, aber sie enttäuschten uns, denn sie führten uns einfach weglos westwärts; am Nachmittage gerieten wir in eine tiefe Schlucht, die dicht mit Bambus bestanden war: das Flußbett des Mawofché. Die Bäume hier sind infolge der großen Feuchtigkeit mit Flechten überwachsen, und der Abstieg war so steil und schlüpfrig, daß zwei unserer Leute stürzten.

In Motunas Dorf fanden wir keine Lebensmittel vor; der Vorsteher aber wollte zwei Ellen Kattun von uns erpressen, als Mautgeld, weil wir sein Land durchzogen hätten; ich antwortete, wir würden sofort weiterziehen und auf „Gottesland", das heißt auf noch nicht urbar gemachtem Gebiet lagern; darauf bat er uns zu bleiben.

Die Eingeborenen nähren sich von wilden Früchten, Wurzeln und Blättern, sind aber merkwürdigerweise dick.

Am 9. Januar stiegen wir wieder in das Hochland hinauf. Zwei Führer, die mit uns gekommen waren, stießen von Zeit zu Zeit ein johlendes Geschrei aus, um Honigvögel herbeizulocken, aber es war vergeblich. Wir fanden Reste eines Wasserbocks und Spuren heftigen Kampfs, aber von dem Raubtier war nichts zu bemerken.

Zu gewissen Zeiten kommen Büffel und Elefanten hierher, jetzt aber ist die Landschaft mit einer dünnen Grasmatte überwachsen, die ihr den Charakter eines gepflegten Parks gibt; aber diese Stellen sind wie Schwämme, übervoll mit Wasser; man muß sehr vorsichtig sein, wenn man nicht in tiefe Wasserlöcher fallen will, die durch die Schritte der Elefanten erzeugt werden. Das Wasser reicht immer bis zur halben Höhe des Stiefels.

Diese landschaftlich reizvolle Gegend ist zur Zeit unbewohnt; aber wir fanden Schlacken von alten Schmelzöfen. Der Führer beschwerte sich, daß er kein Fleisch erhielt, obwohl er sonst immer von Blättern lebt; ohne Mühe hätte er sich im Walde eine Mahlzeit zusammensuchen können.

Niemals können wir uns satt essen.

10. Januar. – Mittags erreichten wir das Dorf Tschafungas; ich hatte meinen Gürtel drei Löcher enger gezogen, um den Hunger zu ertragen. Auch in Tschafunga ist Hungersnot, aber die Dorfleute hatten vor kurzem einen Elefanten getötet und boten uns gedörrtes Elefantenfleisch zum

H. M. Stanleys Fahrt über die Stromschnellen des Nils

Kauf; haut-gôut und daher auch haut-prix; aber wenn der Hunger diktiert, zahlt man jeden Preis. (…)

16. Januar. – Marsch über Bergland: weißer und fleischfarbiger Dolomit, spärlich mit alpiner Vegetation bewachsen. Der Regen zwang uns, beizeiten haltzumachen.

Wir stießen auf Leute, die sich ganz von der Masukofrucht nähren und aus den Blattstielen der Schuarépalme Matten flechten.

Wir haben schwere Zeiten: etwas Maëre, Suppe und Hirsekuchen. Wir rösteten Korn und kochten es. Dann bildeten wir uns ein, Kaffee zu trinken!

Der Führer, unzufrieden, weil wir ihm keine bessere Kost zu bieten hatten, kehrte nach Hause zurück. (…)

19. Januar. – Wir bekommen etwas Elefantenfleisch; es ist sehr bitter und schmeckt widerwärtig; wir schneiden etwas davon in die Maëresuppe. Keiner von uns würde es anrühren, wenn wir etwas anderes bekämen, denn die Elefantenbrühe schmeckt

Die medizinische Versorgung der Expeditionsteilnehmer gehörte zu den zentralen Aufgaben der Expeditionsleiter. Von dem ausreichenden Vorrat an Medizin gegen Malaria und anderen Fieberkrankheiten hing oft das Überleben der ganzen Gruppe ab. Auf diesem Kupferstich verteilt Livingstone Medizin an seine afrikanischen Träger.

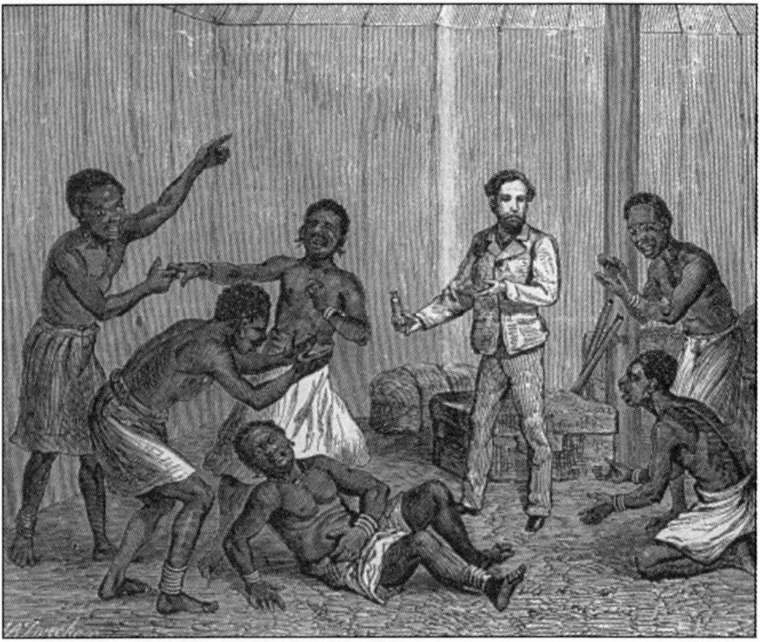

wie zerkochte Aloe, aber der Fleischzusatz verhindert das Sodbrennen, das von der Hirse erzeugt wird.

Ich versuche statt Fleisch Schwämme zu essen, aber es ist unmöglich: die Dschungelkost ruft eine Mattigkeit hervor, deren man nur mit Hilfe von Fleischnahrung Herr werden kann; der Salzmangel macht den Hunger unerträglich.

20. Januar. – Wir setzen unseren Marsch führerlos fort. Auch die beiden Ajahu haben sich von uns getrennt. Bis zum letzten Augenblick erwiesen sie sich treu und waren immer auf unserer Seite. Da sie vollkommen der Sprache mächtig waren, leisteten sie uns große Dienste. Niemand erwartete, daß sie uns plötzlich im Stich lassen würden, denn sie waren doch freie Männer, seit ihre Herren von den Mazitu erschlagen worden waren. Vielleicht hatten wir ihnen größeres Vertrauen geschenkt, als bei den frei gewordenen Sklaven am Platz ist.

Der Verlust war um so ärgerlicher, als sie einen unentbehrlichen Schatz stahlen, nämlich die Arzneikiste; und dabei wußten wir doch, daß sie sie wegwerfen würden, sobald sie sich von ihrem Inhalt überzeugt hätten.

(...) Überdies hatten sie alle Schlüssel mit sich genommen, einen Pulverkasten und das Mehl, das wir teuer erworben hatten, allerlei Werkzeug, zwei Gewehre – aber der schwerste Verlust war doch die Arzneikiste. Mir war zu Mut, als ob ich mein Todesurteil empfangen hätte – genau so wie der arme Bischof Mackenzie.

Ohne Chinin ist man in den Tropen so gut wie verloren. Mackenzie hatte seine Arzneikiste durch ein Unglück verloren – das Kanu, in dem sie verstaut war, kenterte. Allen Forschungsreisenden wäre zu empfehlen, daß sie ihre Arzneistoffe auf verschiedene Träger verteilen, damit der Verlust eines Trägers nicht tragische Folgen nach sich ziehe.

Ich hatte die übrigen Lasten immer gleichmäßig verteilt, um den Verlust nicht allzu arg zu empfinden, wenn einer der Träger desertieren sollte, aber ich hätte mir nicht träumen lassen, daß das kostbare Chinin verlorengehen würde; sonstige Verluste empfand ich immer als meinen gerechten Anteil an Schicksalsschlägen, die auch das glückliche Leben zu verzeichnen hat; und zumal ein Mensch, der sich auf Forschungsreisen begibt, darf wegen kleiner Verluste nicht in Klagen ausbrechen.

22. Januar. – Da es unentwegt regnet, blieben wir in Lifunga und kauften allen Maëre auf, den der Häuptling uns abgeben wollte.

Unsere Hauptschwierigkeiten sind jetzt Nahrungsmangel und Regen; vom Norden her kommen ganze Wolkenbänke gezogen, entladen ihre Wässer in furchtbaren Gewittern und überschwemmen die Randgebiete des Hochlands. (...)

27. Januar. – Als ich heute morgen meinen Anzug wechselte, erschrak ich über meine Magerkeit.

D. Livingstone:
Die Erschliessung des dunklen Erdteils. Reisebücher aus Zentral-Afrika
(1866–1873)

Überraschende, oftmals sensationelle „Entdeckungen" europäischer Reisender in Afrika fanden in den Berichten zuweilen recht nüchtern oder nur beiläufig Erwähnung. Die Bedeutung ihrer Beobachtung war vielen zunächst nicht bewußt. Man konzentrierte sich in den Beschreibungen in der Regel eher auf Nebensächlichkeiten. Ein Beispiel ist der Missionar und Forschungsreisende Johann Rebmann, der im Jahre 1848 als einer der ersten Europäer den höchsten Berg Afrikas sah. Der Kilimandscharo, der in Suaheli „Berg des bösen Geistes" heißt und dessen Kuppe schneebedeckt ist, ist Gegenstand vieler Mythen und Sagen:

Inmitten einer großen Wüste, die voll ist von wilden Thieren, wie namentlich Nashörnern, Büffeln und Elephanten, schliefen wir unter Dornbüschen sicher und ruhig unter Gottes gnädigem Schutz. Als wir heute wieder etwa eine halbe Stunde gezogen waren, sahen wir zu unserer Rechten 2 Menschen, die bei unserem Anblick flohen. Mein Führer wollte die Flinte losschießen, die Teita's aber, die vermutheten, daß die Flüchtlinge ihre Landsleute waren, wehrten es ihm und giengen ihnen nach, ohne sie jedoch einholen zu können. Sie waren wahrscheinlich in Furcht, weil sie sahen, daß unsere Zahl viel größer war, als die ihrige. Dieser Umstand zeigte mir deutlich die bisherige Unsicherheit dieser Wüste.

(...) Wir sahen diesen Morgen die Berge von Dschagga immer deutlicher, bis ich gegen 10 Uhr den Gipfel von einem derselben, mit einer auffallend weißen Wolke bedeckt, zu sehen glaubte. Mein Führer hieß das Weiße, das ich sah, schlechtweg „Kälte" (beredi); es wurde mir aber eben so klar als gewiß, daß das nichts anderes sein könne, als Schnee, welchen Namen ich meinen Leuten sogleich nannte und die Sache zu erklären suchte; sie wollten mir aber nicht recht glauben, ausgenommen mein Führer, der, wie ich nachher erfuhr, auf seiner letzten Reise nach Dschagga, wo er schon wußte, daß wir beabsichtigten, auch dorthin zu gehen, und daher für das „Silber" in jenem Lande fürchtete, die Sache untersuchen ließ, indem er gegen eine geringe Belohnung einige Dschaggaleute den Berg hinaufschickte, die ihm des Silbers so viel als möglich bringen sollten, aber dem speculirenden Suahili nichts als Wasser zurückbrachten. Alle die sonderbaren Geschichten von einem unzugänglichen, weil von bösen Geistern bewohnten Gold- und Silberberg im Innern, die ich mit Dr. Krapf seit meiner Ankunft an der Küste oftmals gehört hatte, waren mir nun auf einmal klargeworden. Natürlich, daß die ungewohnte Kälte die halb nackten Besucher des Schneegebirges bald zur Rückkehr nöthigte, oder wenn sie auf Befehl der despotischen Dschagga-Könige genöthigt waren, weiter zu gehen, so lange ihr Körper nicht gänzlich erstarrt war, sie wirklich tötete, was dann Alles in der Unwissenheit der Eingeborenen den bösen Geistern zugeschrieben wurde. Der Schnee fällt natürlich sehr ferne von den Wohnungen.

J. Rebmann, zit. n.: J. L. Krapf, *Reisen in Ostafrika, ausgeführt in den Jahren 1837–1855*

Begegnung zweier Welten

Die Europäer wurden von der afrikanischen Bevölkerung nicht immer freundlich begrüßt. Die Skepsis gegenüber den weißen Eindringlingen ist verständlich. Schließlich waren die Forschungsreisenden auch Vorboten der europäischen Kolonisation.

Europäische Forscher besuchten auf ihren Reisen auch afrikanische Reiche. Bei dieser Gelegenheit konnten sie deren politische Struktur näher kennenlernen. Einerseits waren sie voller Bewunderung für diese zentralistischen Herrschaften, da die strenge Hierarchie ihrem europäischen Weltbild entsprach. Andererseits fühlten sie sich als die Vertreter der „wahren Zivilisation" diesen überlegen.

Da sie jedoch auf das Wohlwollen und die Unterstützung der Herrscher für ihre Weiterreise angewiesen waren, versuchten sie, diese durch Geschenke günstig zu stimmen. Hierüber geben G. Nachtigal und S. Baker eindrucksvoll Auskunft:

Das erste Dampfboot auf dem Niger (Kupferstich aus dem Jahr 1883)

Am Tage nach meiner Ankunft wünschte ich dem Könige meine Geschenke zu überreichen, doch diese waren meinem Wirthe, dem Fatscha, so reich erschienen, dass sein Herr sie nicht den Augen Vieler auszusetzen für gut hielt, sondern zu ihrer Empfangnahme eine vertrauliche Zusammenkunft im Abenddunkel anberaumte. (...)

Kaum war die Sonne untergegangen, als ich zur Ueberreichung meiner Geschenke vor den König geladen wurde. Ich fand denselben in seiner eigentlichen Privat-Hütte mit gekreuzten Beinen auf einem Teppich sitzend. Wenn er auch nicht wieder in der früheren monströsen Weise in Burnus, Litâm und Tücher gewickelt war, so war doch die Tagesstunde so vorgerückt und der Raum durch Vorhänge und Decken auf allen Seiten so verdunkelt, dass ich gleichfalls wenig von seinem Antlitz zu sehen bekam. Möglichst wenig von Unberechtigten gesehen und durch profane Blicke entheiligt zu werden, scheint eine Pflicht oder ein besonderes Vorrecht der Könige von Bagirmi und von Logon zu sein, denn so lange ich auch in der Umgebung Mbang Mohammedu's verblieb, und so oft ich mich noch mit ihm zu unterhalten Gelegenheit hatte: nie habe ich so viel von seinen Zügen gesehen, dass ich im Stande gewesen wäre, ihn bei einer Begegnung im Freien wieder zu erkennen. Er schien übrigens ein stark gebauter Mann von tiefschwarzer Hautfärbung, energischem Gesichtsausdruck und verhältnissmässig gut entwickeltem, ergrauendem Barte zu sein und bekundete in dieser privaten Audienz eine tiefe und rauhe Stimme. Indem er mir zutraulich die Hand reichte, hiess er mich nochmals willkommen und erwiderte auf meine Bemerkung, dass ich gekommen sei, um ihm mein Begrüssungsgeschenk zu überreichen, mit ausgesuchter Höflichkeit, wie ich sie in Bagirmi nicht erwartet hätte, dass das beste Geschenk, welches ich ihm hätte machen können, meine Ankunft selbst sei. Als ich ihn dann bat, meine Gaben, von denen ich wohl wisse, dass sie nicht auf der Höhe seiner Würde und seines Ruhmes ständen, nachsichtig zu beurtheilen und zu bedenken, dass ich schon vor drei Jahren die Heimath verlassen habe, dass seitdem die nordischen Karawanen in Kûka selten gewesen seien, und dass ich ihm gegenüber nicht als Abgesandter meines Königs, sondern als einfache Privatperson angesehen werden müsse, dass ich aber andererseits auch keinerlei materiellen Vortheil zu gewinnen suche, so antwortete er nicht ohne Stolz, dass nicht er Geld und Gut von mir erwarte, sondern dass es an ihm, dem Könige, sein würde, mich zu bereichern.

Nach dem Austausche dieser Höflichkeiten überantwortete ich meine Geschenke und verfehlte nicht, bei der Ueberreichung des Schiesspulvers, der Flintenkugeln und Feuersteine seinen kriegerischen Sinn, und bei der Entfaltung des goldgestickten Burnus die Pracht und den Geschmack, die unter seiner Regierung in Massenja geherrscht hatten, noch einmal hervorzuheben. Zu diesen Glanzstücken meines Koffôlo hatte ich noch zwei Stücke Turban-Stoff von der in Bagirmi beliebten Sorte, welche Lisân el-Kelb arab., d. h. Zunge

Gespräch britischer Forschungsreisender mit einem Stammesoberhaupt am mittleren Kongo (Kupferstich aus dem Jahr 1888).

des Hundes, genannt wird, einen tunisischen Tarbûsch und ein Pfund Gewürznelken gefügt. Als meine beiden officiellen Begleiter der Sitte entsprechend ebenfalls ihre Gaben, Kiâri zwei und Almâs eine Turkĕdi, zu den Füssen des Königs niedergelegt hatten, endigte diese zweite Audienz zu nicht minder grosser Befriedigung als die erste.

G. Nachtigal:
Sahara und Sudan (1879 – 1889)

Die Canoes kamen in kurzer Zeit an. Sie waren etwa eine Stunde lang thätig, herüber- und hinüberzufahren und eine große Anzahl Männer zu landen, bis dieselben endlich vorrückten und Besitz von einigen Hütten nahmen, die etwa sechshundert Fuß von unserem Lager standen. Jetzt schrieen sie halloh, Kamarasi sei angekommen! und da ich bei der Gesellschaft einige Ochsen sah, so war ich überzeugt, daß sie keine bösen Absichten hatten. Ich befahl meiner Mannschaft, mich auf ihren Armen zum König zu tragen und mich mit den Geschenken zu begleiten, da ich entschlossen war, mit ihm persönlich zusammenzukommen, obgleich ich nur für ein Krankenhaus taugte.

Als ich mich näherte, machte der Volkshaufen Platz, und kurz darauf wurde ich auf eine Matte zu des Königs Füßen gelegt. Er war ein schöner Mann, hatte aber in Folge seiner außerordentlich weit hervorstehenden Augen einen eigenthümlichen Gesichtsausdruck; er war etwa sechs Fuß hoch, schön rein und in einen langen Staatsmantel von Rindenzeug gekleidet, der höchst graziös in Falten geworfen war. Die Nägel der Hände und Füße waren sorgfältig gepflegt, und seine Hautfarbe war etwa ein eben so dunkles Braun wie das eines Abyssiniers. Er saß auf einem kupfernen Schemel, der auf einem Teppich von Leopardenfellen stand, und war von etwa zehn seiner vornehmsten Häuptlinge umgeben.

Unsere Dolmetscherin Batschita unterrichtete ihn nun, wer ich sei, und was meine Absichten wären. Er sagte, es thäte ihm leid, daß ich so lange unterwegs gewesen sei, aber er hätte müssen vorsichtig sein, weil er von Debono's Leuten betrogen worden wäre. Ich erwiderte, daß ich ein Engländer sei, ein Freund von Speke und Grant, – daß sie die Aufnahme geschildert, die sie bei ihm gefunden hätten, und daß ich gekommen sei, ihm zu danken, ihm für seine Güte einige Geschenke anzubieten und ihn zu ersuchen, mir einen Führer nach dem Luta N'zigé zu geben. Er lachte über den Namen und wiederholte ihn mehrere Male mit seinen Häuptlingen; – dann sagte er, es sei nicht Luta, sondern M-wutan N'zigé, aber er liege sechs Monatsreisen von M'ruli, und in meinem schwachen Zustande könnte ich ihn unmöglich erreichen; ich würde unterwegs sterben, und der König meines Landes werde sich vielleicht einbilden, ich sei ermordet worden, und könne in sein Gebiet einfallen. Ich erwiderte, ich sei schwach von der jahrelangen Mühseligkeit in den heißen Ländern Afrikas, aber ich suchte den großen See, und würde nicht umkehren, bis mir mein Zweck gelungen sei; ich hätte keinen König, sondern eine mächtige Königin, die über alle ihre Unterthanen wache, und kein Engländer könne ungestraft ermordet werden; darum solle er mich ohne Verzug nach dem See bringen lassen, dann werde es minder wahrscheinlich sein, daß ich in seinem Lande stürbe.

Ich setzte ihm auseinander, daß der Fluß Nil eine Strecke von zwei Jahresreisen durch wundervolle Länder fließe und dann das Meer erreiche, von welchem her ihm viele wertvolle Waaren zum Austausch für Elfenbein gesandt werden würden, könnte ich nur den großen See entdecken. Als Beweis davon hätte ich ihm einige Seltenheiten mitgebracht, von denen ich hoffte, daß er sie annehmen werde, und ich bedauerte, daß die Unmöglichkeit, Träger zu bekommen, mich genöthigt hätte, noch andere, die für ihn bestimmt gewesen wären, im Stiche zu lassen. Ich befahl der Mannschaft, den persischen Teppich auszupacken, der vor ihm auf die Erde gebreitet wurde. Dann gab ich ihm eine Abbìa (einen großen weißen Cachemir-Mantel), eine rothseidene netzgestrickte Schärpe, ein Paar scharlachrothe türkische Schuhe,

Während der langen Expeditionsreisen kam es immer wieder zur Meuterei unter den afrikanischen Trägern. Sie wurden schwer bestraft, nicht selten sogar erschossen.

mehrere Paar Socken, eine Doppelflinte und Munition und einen großen Haufen Perlen erster Klasse, die zu prächtigen Halsbändern und Gürteln verarbeitet waren. Er kümmerte sich um die Geschenke sehr wenig, sondern bat, das Gewehr möge abgefeuert werden. Dies geschah, zur größten Bestürzung des Menschenhaufens, die in solcher Eile davonliefen, daß sie über einander hinwegstürzten wie eben so viele Kaninchen. Das freute den König, der, obgleich selbst erschrocken, jetzt in ein lautes Gelächter ausbrach. Er sagte mir, ich müsse hungrig und durstig sein, er hoffe daher, ich werde etwas zu essen und zu trinken annehmen. Er beschenkte mich demnach mit siebzehn Kühen, zwanzig Töpfen saurem Pisangwein und einer großen Menge unreifer Paradiesfeigen. Ich erkundigte mich, ob Speke eine Arzneikiste bei ihm zurückgelassen habe. Er erwiderte, es sei ein sehr fieberhaftes Land, und er und sein Volk hätten die ganze Arznei verbraucht. So war mir denn die letzte Hoffnung auf Chinin genommen. Ich hatte stets geglaubt, ich würde vom König eine Lieferung desselben bekommen, da Speke mir sagte, daß er eine Flasche bei ihm zurückgelassen habe. Es war ganz unmöglich, irgend eine Auskunft von ihm zu erhalten, und ich wurde wieder in meine Hütte getragen, wo ich Frau Baker am Fieber darniederliegend fand und Keins dem Andern Beistand leisten konnte.

S.W. Baker:
Der Albert Nyanza, das große Becken des Nils und die Erforschung der Nilquellen (1867)

Schon die konkreten Belastungen, wie etwa die Bereitstellung von Proviant und Trägern für die Expeditionen, waren für die Afrikaner Grund genug, auch mit bewaffneter Gewalt gegen die eindringenden Europäer vorzugehen. Die waffentechnische Überlegenheit der Europäer vereitelte jedoch meist den Erfolg des Widerstands.

S. W. Baker schildert diese Überlegenheit mit deutlicher Arroganz:

Endlich kamen wir an einem Dorfe vorbei, um welches herum eine Anzahl Eingeborene versammelt waren. Als wir uns wieder auf dem Wege befanden, bemerkten wir, daß die Eingeborenen sich in verschiedenen Richtungen zeigten und schnell verschwanden, nur um sich vor uns in vermehrter Anzahl zu sammeln. Da ihre Bewegungen Verdacht erregten, in einem Lande, wo jeder Mann ein Feind ist, so schloß sich unsere Gesellschaft zusammen; – wir schickten einen Vortrab voraus, – stellten zehn Mann auf jede Flanke, – die Träger, Munition und Sachen in's Centrum, während etwa zehn Mann den Nachtrab bildeten. Vor uns lagen zwei niedrige Felsenhügel; sie waren mit Bäumen, hohem Gras und Buschholz bedeckt, in welchem ich deutlich die nach der Sitte des Baristamms bemalten hellrothen Gestalten von Eingeborenen bemerkte.

Wir hatten offenbar ein Gefecht in Aussicht. Der Weg lag in einer Schlucht zwischen den vor uns stehenden niedrigen Felsenhügeln. Meine Frau stieg von ihrem Ochsen und ging mit mir an der Spitze unserer Gesellschaft, Saat folgte mit dem Gewehr, das er gewöhnlich trug, hinten nach, während die Mannschaft mehrere Reitochsen im Centrum trieb. Kaum waren wir in den Engpaß eingetreten, als – ein Pfeil über unsere Köpfe hinwegpfiff. Dies war das Signal zu einem nochmaligen Schuß. Die Eingeborenen sprangen mit affenmäßiger Geschwindigkeit zwischen die Felsen und zeigten eine bedeutende Kühnheit, indem sie nur etwa zweihundertundvierzig Fuß von uns auf dem Hügelrücken standen und mit ihren vergifteten Pfeilen beständig nach uns schossen. Die in den Flanken stehenden Mannschaften eröffneten nun das Feuer; da aber sowohl unsere Bedekkung als die eingeborenen Bogenschützen schlecht schossen, so wurde in den ersten zehn Minuten auf beiden Seiten Niemand verwundet. Das Gerassel des Musketenfeuers und das schauerliche Aussehen der nackten zinnoberfarbigen Wilden, wie sie auf dem klippigen Hügelrücken hinsprangen und mit böser, aber unwirksamer Absicht ihre Bogen nach uns schwirren ließen, war ein reizendes Gemälde afrikanischen Lebens und afrikanischer Sitten. Glücklicherweise vereitelten die Aeste zahlreicher Bäume und dazwischen liegender Bambusgruppen die guten Zwecke der Pfeile, da sie von ihrer Richtung absprangen, und obgleich einige zwischen unsere Gesellschaft fielen, so blieben wir doch unbeschädigt. Einer der Feinde, der höchst wahrscheinlich ein Häuptling war, zeichnete sich besonders aus; er ging bis auf etwa hundertundfünfzig Fuß vor, stellte sich auf einen Felsen und schoß bedächtig fünf bis sechs Pfeile, die aber alle ihr Ziel verfehlten; wenn sie in ihrem unsichern Flug ankamen, sprangen die Leute auf die Seite; die Geschwindigkeit der

Lagernde Sklaven-Karawane an der ostafrikanischen Küste (Kupferstich aus dem Jahr 1883)

Pfeile war wegen der Steifheit der Bogen so gering, daß nichts leichter war, als ihnen auszuweichen. Alles Haltmachen war unnöthig. Wir setzten unsern Marsch durch die Schlucht fort, wobei die Mannschaft ein ununterbrochenes Feuer unterhielt, bis wir in eine Strecke mit hohem Gras und Wald eintraten. Da das Gras vollkommen dürr war, so hätte es sich leicht in Brand stecken lassen, indem der Feind auf der unter dem Winde liegenden Seite stand; aber obgleich das Rascheln im Grase die Anwesenheit einer großen Anzahl von Menschen andeutete, so waren sie doch nicht zu sehen. In einigen Minuten tauchten wir auf einer urbar gemachten Stelle auf, die mit Getreide bestellt war; dies war eine günstige Stellung zu einem entscheidenden Angriff auf die Eingeborenen, die sich jetzt zusammenschlossen. Wir schickten Tirailleurs aus mit dem Befehl, sich hinter die Baumstämme zu stellen, und trieben die Baris zurück. Dabei wurde Einer durch den Leib geschossen und fiel; er erholte sich jedoch wieder und sprang mit seinen Kameraden fort, stürzte aber nach einigen Schritten todt nieder.

Was für Todesfälle während des Durchzugs durch die Schlucht vorgekommen waren, kann ich nicht sagen, aber der Feind war jetzt gänzlich geschlagen. Ich hatte keinen Schuß gethan, da die ganze Geschichte ein reines Kinderspiel war und Jeder, der schießen konnte, durch ein halbes Dutzend Schüsse das Schicksal des Tages entschieden hätte.

S.W. Baker:
Der Albert Nyanza, das große Becken des Nils und die Erforschung der Nilquellen (1867)

Sklavenhandel: Verstoß gegen die Menschenrechte

Das Engagement vieler europäischer Staaten in der Antisklavereibewegung beruhte nicht allein auf humanitären Ideen. Mit der Bekämpfung des Sklavenhandels wurden auch die christliche Missionierung und die koloniale Expansion begründet.

Plakat eines Sklavenhändlers aus Kentucky

Immer wieder kamen europäische Reisende mit einem der dunkelsten Kapitel der Menschheitsgeschichte in Berührung: der Sklaverei.

Sie konnten beobachten, daß die von Großbritannien und anderen europäischen Staaten dagegen ergriffenen Maßnahmen vor Ort oftmals keinen Erfolg hatten oder die entsprechenden Gesetze nur inkonsequent befolgt wurden. Um das Leid der gefangenen Sklaven zu mindern, konnte der zahlungskräftige Europäer den einen oder anderen Gefangenen freikaufen. Das Problem als solches konnten sie hingegen nicht lösen; aber sie konnten die europäische Öffentlichkeit auf die massenhafte Verletzung der Menschenrechte und Menschenwürde hinweisen. Das tat auch der deutsche Forscher Emil Holub, der als Arzt mehrere Reisen nach Südafrika unternahm. Von seiner letzten Expedition, die ihn ab 1883 zusammen mit seiner Frau an den Mittleren Sambesi führte, gibt er folgenden Bericht:

Europäer können sich nicht lange im Gebiete des centralen Zambesi aufhalten, ohne daß ihnen Zambesi-Schwarze, namentlich Wanke's Makalaka, Matoka, Maschupia und Marutse, kleine Kinder, doch auch Jünglinge und erwachsene Mädchen zum Kaufe anbieten. Als Kaufpreis werden Gegenstände im Werthe von einem Kotzen bis zu einem Gewehre gefordert. Die feilgebotenen Opfer sind entweder Kinder der Sclaven der obgenannten Stämme oder es sind Kinder der nördlich von ihnen wohnenden Völker, mit denen sie Tauschhandel treiben. Ich habe Fälle erlebt, wo solche Kinder gekauft wurden und wo der Käufer den armen Geschöpfen die Freiheit wieder gab; natürlich müssen dann solche Befreite am Südufer des Zambesi verbleiben, da sie sonst bei einer Rückkehr ans Nordufer von ihren früheren Herren oder deren Häuptlingen sofort wieder als Eigenthum beansprucht würden.

Im allgemeinen ist der Zambesi die südliche Grenze für die Sclaverei des schwarzen Erdtheiles. Bis dahin reicht das englische Gesetz und verhängt auch, wie es sich gebührt, eine vierzehnjährige Zuchthausstrafe auf derartige Vergehen. Es wäre nur nöthig, daß dieses Gesetz eine Clausel enthielte, nämlich die Erlaubniß, an allen Orten, wo der Europäer zu schwach ist, um mit Waffengewalt oder durch diplomatische Vermittlung Sclaven zu befreien, sie zu kaufen, um sie sofort in Freiheit zu setzen, was jetzt nach dem todten Buchstaben des Gesetzes unmöglich ist, weil ein solcher Philanthrop einen Proceß wegen Ankauf von Sclaven, respective 14 Jahre Kerker riskiren würde.

Ich kann nicht umhin, hier an jene mächtige und reiche philanthropische Gesellschaft in London zu appelliren, die am Zambesi ein Feld für Werke der Menschenliebe fände. Jenen reichen Herren, welche dieser Gesellschaft als Mitglieder angehören, wäre es ja nicht schwer, jährlich 5000 Pfd. St. (60.000 Gulden) auszuwerfen, um dort Hunderte und Hunderte unglücklicher Geschöpfe aus der Sclaverei zu befreien.

Wohl aber müßte dieses Befreiungswerk sehr klug angefaßt werden. Man dürfte nur solche Kinder kaufen, welche dem oder jenem zum Austausche gegen Waaren angeboten werden. Man dürfte nicht nach zu verkaufenden Kindern fragen, sonst würden Kinder als ein gesuchter Artikel angesehen, was nichts anderes als Sclavenjagden zur Folge hätte; falsch angefaßt, würde die Philanthropie über Nacht „Menschenfleisch“ zum gangbarsten Artikel machen, was man eben verhüten muß, um nicht ein unsägliches Elend für den centralen Zambesi heraufzubeschwören, größer als jenes, welches wir in dieser Beziehung gegenwärtig dorten vorfinden. –

Mir wurde einmal auf der Reise ein Knabe geschenkt, den ich sofort für frei erklärte. Jonas, der hoffnungsvolle Junge, machte auch kurze Zeit darauf von diesem Zugeständnisse Gebrauch und empfahl sich auf Nimmerwiedersehen. Bevor er zu mir kam, hatte er zwölfmal durch Kauf und Verkauf seinen Herrn gewechselt und mußte überall ein Lastthier abgeben; bei mir genoß er eine Behandlung wie noch nie zuvor, aß mit uns Europäern die gleiche Kost und hatte auf der Reise nur seine Bettdecke und eines meiner Gewehre zu tragen, wobei ich ihm jedoch gestattet hatte, während des Marsches nach Belieben das Gewehr zur Jagd zu benützen. Die Träger nannten ihn den „Herrn“ und meine Diener das „Kind des weißen Mannes“, und doch vertrug er unsere Gesellschaft nicht und zog eine ungebundene, zweifelhafte Zukunft vor.

E. Holub:
Von Capstadt ins Land der Maschukulumbe. Reisen im südlichen Afrika in den Jahren 1883–1887.

Nachdem sich die europäischen Staaten 1815 gegen den transatlantischen Sklavenhandel ausgesprochen hatten, reagierten sie erst ein halbes Jahrhundert später vehement auf die Berichte über den Sklavenhandel in Zentral- und Ostafrika. Die Sklavenhändler waren in Ostafrika meist Araber, die die Plantagen an der Küste und auf Sansibar mit Arbeitskräften versorgten. Der Sklavenhandel an der Westküste des afrikanischen Kontinents lag dagegen seit Jahrhunderten in den Händen der Europäer. Das Schicksal der Sklaven, die im Innern Afrikas gefangen und in Karawanen an die Küste gebracht wurden, war zutiefst unmenschlich.

David Livingstone, ein erklärter Gegner der Sklaverei, berichtet in seinen Reisebeschreibungen ausführlich über die menschenunwürdige Behandlung der Eingeborenen durch die Sklavenhändler:

19. Juni 1866. – Wir kamen bei einer Frau vorüber, die mit dem Halse an einen Baum gebunden und todt war. Die Eingeborenen der Gegend sagten aus, sie habe nicht Schritt halten können mit den übrigen Sklaven, und ihr Herr habe nicht gewollt, dass sie, wenn sie sich eine Zeit lang ausgeruht habe, das Eigenthum eines Andern würde. Ich will hier bemerken, dass wir Andere sahen, die in ähnlicher Weise festgebunden waren, und eine Unglückliche lag erschossen oder erstochen in einer Blutlache. Wir erhielten die überall gleichlautende Erklärung, dass der Araber, dem diese Opfer gehört hatten, wüthend darüber, durch das Unvermögen der Sklaven, den Marsch fortzusetzen, sein Geld zu verlieren, seinem Zorn durch Ermordung derselben Luft gemacht habe, aber ich kann die Araber nur auf Grund unbeglaubigter Aussagen dieser Abscheulichkeit zeihen. (…)

Am Wege lag die Leiche einer erschossenen oder erstochenen Sklavin: eine Gruppe Männer stand ungefähr 100 Ellen davon gaffend auf einer Seite, eine Gruppe Frauen auf der andern; sie sagten, ein heute Morgen durchgekommener Araber habe es gethan, aus Wuth über den Verlust des für sie gezahlten Preises, da sie ausser Stande gewesen sei weiterzugehen.

27. Juni. – Heute stiessen wir auf den Leichnam eines Mannes, der Hungers gestorben sein musste, denn er war sehr mager. Einer unserer Leute fand eine Anzahl Sklaven mit Jochen, die aus Mangel an Lebensmitteln von ihrem Herrn im Stiche gelassen worden waren; sie waren zu schwach um sprechen oder sagen zu können, woher sie kämen; einige waren ganz jung. (…)

Bei Chenjewala sind die Leute gewöhnlich sehr betroffen, wenn ich ihnen auseinandersetze, dass die vielen Sklaven, welche todt am Wege liegen, theilweise von denen, die sie verkauft hatten, getödtet worden seien; denn ich sagte ihnen, wenn sie ihre Nebenmenschen verkaufen, so gleichen sie dem Manne, der das Opfer hält, während der Araber den Mord begeht.

Chenjewala warf Machemba, einem weiter den Rovuma hinauf lebenden Häuptlinge, vor, dass er den Sklavenhandel unterstütze; ich sagte ihm, ich hätte mich so lange unter ihnen bewegt, dass ich alle Entschuldigungen, die sie anführen könnten, wohl kenne; jeder Häuptling klage immer irgend einen anderen an.

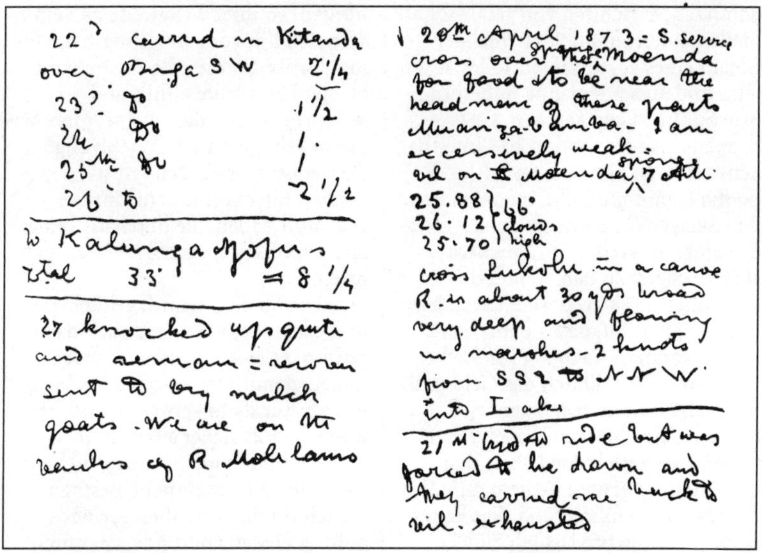

22 carried in Kitanda
over [illegible] SW 2 1/4
23 do 1 1/2
24 Do 1.
25th do 1
26 to 2 1/2
to Kalunga [illegible]
total 33 = 8 1/4
27 knocked up quite
and remain = recover
sent to buy milch
goats. We are on the
banks of R Molilamo

20th April 1873 = S. service
cross over the sponge Moenda
for food & to be near the
head men of these parts
Muanza-Chamba - I am
excessively weak -
vil on R Moenda sponge 7 [illegible]
25.88 } 66°
26.12 } clouds
25.70 high
cross Lukolu in a canoe
R. is about 30 yds broad
very deep and flowing
in marshes - 2 knots
from SSE to NNW
into Lake
21st tried to ride but was
forced to lie down and
they carried me back to
vil. exhausted

Faksimile der letzten Tagebuchaufzeichnungen Livingstones

„Es würde besser sein, sagte ich, wenn Ihr Eure Leute behieltet und mehr Land kultivirtet." „O, erwiderte er, Machemba schickt seine Leute und plündert unsere Gärten, sobald wir das Land bestellt haben." Ein Mann behauptete, dass die Araber, welche sie durch schöne Kleider verlockten, an dem Verkaufe ihrer Landsleute schuld wären; dies war kindisch, und ich sagte ihnen, sie würden sehr bald Niemand mehr zu verkaufen haben: ihr Land würde zur Wildnis werden, und Alle, welche nicht auf der Strasse stürben, würden in Kilwa oder anderswo Gärten für die Araber bauen.

D. Livingstone:
Letzte Reise von David Livingstone in Centralafrika von 1865 bis zu seinem Tode 1873.

Auch auf seinen späteren Forschungsreisen im Innern Süd- und Zentralafrikas, auf denen er zeitweise von seinem Bruder und dem Naturforscher Kirk begleitet wurde, trat Livingstone als Gegner der Sklaverei auf. Seit Ende der 60er Jahre des 19. Jahrhunderts hielt er sich auf der Suche nach den Nilquellen im Gebiet des heutigen Tansanias auf. Von hier aus schrieb er die letzte von ihm erhalten gebliebene Nachricht an das britische Außenministerium:

Unyanyembé, 1. Juli 1872

Mylord!
Ich muss daran erinnern, dass ich sehr grosse Unannehmlichkeiten dadurch erlitten, dass Sklaven statt Freier für mich engagirt worden sind. Dies hat mich volle zwei Jahre gekostet, mir ein

unnützes Marschiren von 1800–2000 Meilen auferlegt, mich viermal der Gefahr eines gewaltsamen Todes ausgesetzt und ausserdem eine unbestimmbare Summe Geld gekostet. Gewisse Banyanen, indisch-britische Unterthanen, an deren Spitze ein gewisser Ludha Damdschi steht, scheinen uns ihre Sklaven für mehr als das doppelte Gehalt eines Freien betrüglicherweise aufgedrungen zu haben, und die sämmtlichen Sklaven waren von dem Gedanken erfüllt, dass sie mir nicht folgen, sondern mich zur Rückkehr zwingen sollten. Durch das Geld und die Waaren dieser Banyanen wird fast der ganze Sklavenhandel dieser Gegend vermittelt. Sie haben sich unehrlicher Agenten bedient, um die Karavanen zu führen und dies hat es zu Wege gebracht, dass ich zu vier verschiedenen Malen ausgeplündert worden bin. Niemals wird ein Händler in dieser Weise beraubt. (...)

Da ich, wie ich in meinem obigen Briefe erwähnt habe, ausreichende Vorräthe besitze, die mich in den Stand setzen, in kurzer Zeit meine Arbeit möglichst zu beendigen, und da die erste und zweite Sklavenbande sich als so sehr ungenügend erwiesen hatte, war es mir sehr darum zu thun, dass nicht wieder Sklaven kommen sollten; ich bat daher Herrn Stanley, mir 50 Freie in Zanzibar zu miethen und für den Fall, dass er Sklaven begegne, dieselben wieder zurückzuschicken, ohne Rücksicht darauf, was für Ausgaben an sie gewandt worden seien. Diese wollte ich gern alle bezahlen. Ich hatte keine Idee davon, dass dies dazu führen würde, eine englische Expedition, die in grösster Freundlichkeit mir zu Hülfe geschickt worden, an ihrer Weiterreise zu verhindern. Ich bin vom aufrichtigsten, tiefsten Danke für die edle Anstrengung meiner Landsleute erfüllt und bedauere es sehr, dass meine Vorsichtsmassregeln gegen eine nochmalige Sklavenexpedition den selbstverleugnenden Eifer von Ehrenmännern gedämpft haben, die durchaus keine Spur vom Geiste von Sklaven an sich haben.

Die Furcht, mein Tagebuch ganz und gar zu verlieren, hat mich dazu geführt, es Herrn Stanley anzuvertrauen, damit meine Tochter es bis zu meiner Rückkehr verwahre, und ich hoffe, dass es sicher angekommen ist. Ich warte hier nur, bis meine 50 Leute eintreffen. Die natürliche Besorgniss, die ich für die Sicherheit meines Sohnes Oswell empfinde, der durch die zwischen diesem kalten Hochland und der Küste liegenden Fieberdistricte reist, wäre um das Dreifache vermehrt worden, wenn die Herren von der Marine mitgekommen wären.

Zum Schluss erlauben Eure Lordschaft, dass ich Ihnen sowie dem Vorstande und den Mitgliedern der Königl. Geographischen Gesellschaft sowie allen denen meinen herzlichsten Dank sage, die freundlichst in irgendwelcher Weise dazu beigetragen haben, für meine Sicherheit zu sorgen. Ich fühle es aufrichtig, dass niemand in der Welt mehr Ursache zu dem tiefsten Danke hat, als
Ihr gehorsamster Diener
David Livingstone,
Ihrer Majestät Consul in Inner-Afrika.

D. Livingstone an Lord Granville,
zit. n. H. M. Stanley:
Wie ich Livingstone fand (1872)

Die Ideologie des Rassismus

Spätestens seit Anfang unseres Jahrhunderts wurde in humanistisch geprägten Intellektuellenkreisen immer vehementer die Frage nach den Ursachen des Rassismus aufgeworfen. Schließlich wurde auf der Grundlage rassistischer Ideologie die Vernichtung, Unterjochung und Vertreibung ganzer Völkerschaften in Afrika und in anderen Gebieten der heutigen sogenannten Dritten Welt begründet.

Die Diskussion hierüber ist immer noch nicht abgebrochen, da auch die heutigen Probleme Afrikas, die Komplexität von Hunger und Unterentwicklung auf diesem Kontinent nur vor diesem Horizont verständlich werden. Walter Michler geht in seinem mehrfach ausgezeichneten „Weißbuch Afrika" auf die historischen Ursachen ein und beschäftigt sich kurz und prägnant mit dem biologischen Rassismus:

Der biologische Rassismus

Die in Afrika ihr Glück machen wollten und ihr Geschäft suchten, waren unfähig, die Begegnung mit der fremden Kultur intellektuell zu verarbeiten und zu bewältigen. Vielmehr glaubten sie – ungebildet wie sie waren –, der anderen Hautfarbe müsse auch ein anderes Gehirn entsprechen. Folglich proklamierten sie den biologischen Unterschied zwischen Schwarz und Weiß, demzufolge die Minderwertigkeit der Afrikaner genetisch program-

Graffiti auf einem Altglascontainer

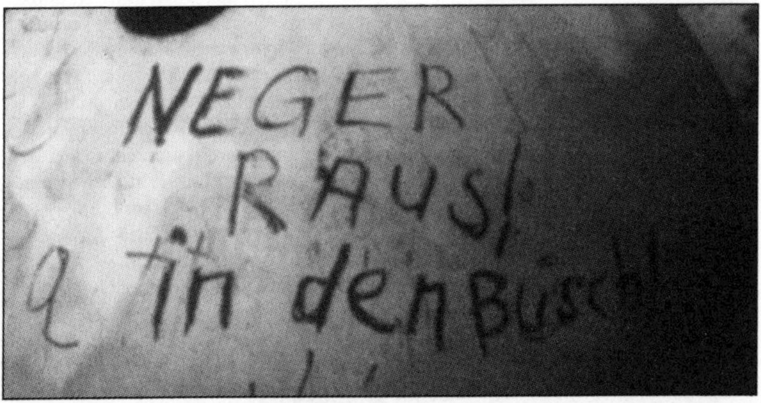

miert war; deren angeblich geistige und kulturelle Unterentwicklung wurde somit natürlich erklärt. Eine Auffassung, die auch heute noch nicht nur in vielen Köpfen unserer Bevölkerung herumspukt, sondern die ich auch bei manchen Experten der Entwicklungszusammenarbeit angetroffen habe. Fortan galt der Afrikaner als Untermensch, der erst durch die strenge und unnachsichtige Behandlung seitens der Weißen auf die Stufe des eigentlichen Menschseins gehoben werden mußte. „Wir wiederholen deshalb unsere Bitte, uns in der Erziehung der Eingeborenen nicht die Hände zu binden, sondern die notwendige Prügelstrafe bei denselben gütigst bestehen zu lassen", schrieben um die Jahrhundertwende deutsche Siedler aus Südwestafrika (heute Namibia) an die Reichsregierung nach Berlin. Mit Peitsche und Stockhieben wollten die europäischen Kolonialherren „Faulheit, Rohheit und Stumpfsinn" aus den Afrikanern treiben, durch Züchtigung sollte ihren Seelen Moral eingeimpft und ihre unberechenbare Aggressivität gezügelt werden.

Dieses fünf Jahrhunderte lang herrschende Menschenbild hatte eine wichtige Funktion: Getragen vom Glauben an die eigene Höherwertigkeit und überzeugt von der biologischen Minderwertigkeit der Afrikaner, konnten die Weißen ohne Gewissensbisse darangehen, die Afrikaner zu versklaven, sie skrupellos auszubeuten, ihnen ihr Land wegzunehmen, alles Afrikanische – wenn es sich ihren Interessen entgegenstellte – mit Waffengewalt auszulöschen.

W. Michler:
Weißbuch Afrika (1988)

Die Autoren Regina und Gerd Riepe, die mehrere Jahre als Entwicklungshelfer in Kamerun lebten, zeigen in ihrem Buch „Du schwarz – ich weiß" an einer Fülle von Beispielen, wie Rassismus entsteht und über Bilder und Sprache tradiert wird:

Die kulturelle „Überlegenheit" Europas

Über die Jahrhunderte entwickelten sich in Afrika und Europa Formen des Miteinander-Lebens, der Kleidung, des Essens und Trinkens und der Wohnumfeldgestaltung. Kommunikations- und Herrschaftssysteme, Musik, Theater und Kult wurden für die eigenen Bedürfnisse geschaffen. Mit anderen Worten: Kulturen entstanden. Die Menschen in den unterschiedlichen Kulturen waren selbstverständlich davon überzeugt, den Stein der Weisen im Miteinanderleben gefunden zu haben. Beim Aufeinandertreffen wurde daraus allerdings nicht ein Dialog um Vorzüge und Nachteile der einzelnen Systeme. Wir Europäer waren sicher, daß unsere Art zu denken, unsere Kleidung, unsere Technik, unsere Musik ... die einzig richtige sei. Aufgrund unserer bis dahin entwickelten Kriegstechnik waren wir in der Lage, unsere Meinung auch gegen Widerstand durchzusetzen. Legitimiert haben wir es z. B. über Kulturstufenmodelle, die wir bis heute in den Schulen lehren. Danach gibt es niedere Kulturen, z. B. die Nomaden, die sich aber im Laufe der Geschichte zu einer höheren Kulturstufe entwickeln können. Ziel ist „natürlich" unsere Industrie-Kultur, Ziel sind wir – und wir müssen daher Afrika unsere

„Eigentlich essen wir ja keine Menschen! Nur die vielen Witzzeichnungen haben uns dazu angeregt!“

Zivilisation und Kultur bringen. Eurozentrismus – weil wir im Zentrum stehen – nennen es die kritischen Betrachter.

Das Nicht-Wahrnehmen der anderen Kultur wird deutlich an der Meinung eines preußischen Akademikers, der 1891 in der „Berliner Zeitung“ schrieb: „Afrika bedeutet uns nach neuzeitlicher Ansicht, soweit es von Negern bewohnt wird, keinerlei geschichtliche Rätsel (...) Vor den Arabern gab es weder eine organisierte Staatenbildung noch eine einheitliche Religion, noch entwickeltes Gewerbe ... Wenn wir Kolonialisten heute mit unseren Pflügen die Afrikanische Erde aufreißen, so wird aus der Furche keine alte Waffe auftauchen. Wenn wir Kanäle durch die neue Erde ziehen, wird unser Grabscheit nirgends auf alte Gräber stoßen; und wenn wir den Urwald lichten, wird die Hacke nirgends auf die Fundamente eines alten Palastes stoßen. Afrika ist geschichtlich ärmer, als irgendeine Phantasie sich vorstellen kann. Neger-Afrika ist ein rätselloser, geschichtsloser Erdteil.“

Die Wissenschaft im Dienst der Ausbeutung

Wer sucht, der findet – und so fand die Völkerkunde die menschlichen Rassen. Das Bequeme daran war, daß man sie am Körperbau erkennen konnte. Und schnell schlossen die Wissenschaftler vom Körperbau auf den Charakter – und der war ja schon bekannt. Damit haben wir die wichtigsten Begründungen zusammen und können ohne Gewissensbisse mit dem Raub von Menschen und Rohstoffen beginnen.

Bei ihren Fahrten an die Westafrikanische Küste fingen die Portugiesen ab 1441 Afrikaner ein und verkauften sie zu Hause als Hausdiener oder Feldarbeiter. Die Zahl der Sklaven der damaligen Zeit wird auf einige Tausend geschätzt. Der eigentliche, systematische Sklavenhandel begann erst in der Mitte des 17. Jahrhunderts, als sich die Plantagenwirtschaft in Westindien (Mittelamerika) und Amerika rasant entwickelte. In dieser Zeit wurde Portugal von England, Holland und Frankreich in der Rolle des Hauptprofiteurs am Sklavenhandel abgelöst. Man schätzt heute, daß in den 400 Jahren vom Beginn der Sklaverei bis etwa 1850 ca. 20 000 000 (20 Mio.) Schwarzafrikaner nach Amerika gebracht wurden. Rechnet man noch einmal die gleiche Anzahl dazu für alle, die bei den Sklavenjagden oder beim Transport nach Amerika umkamen, so wäre das die ungeheure Zahl von 40 Mio. Menschen (bei einer geschätzten heutigen Einwohnerzahl von etwa 530 Mio. Menschen in ganz Afrika). Dieser gewaltige Menschenraub war ein gewinnbringendes Geschäft für die Beteiligten. Man ließ die Schiffe im Dreieck fahren: Von Europa, wo sie die billige Massenware der beginnenden Industrie, den überschüssigen Kartoffelschnaps und veraltetes Kriegsgerät einluden, fuhren die Schiffe nach Westafrika. Dort wurden die für uns nicht sehr wertvollen Dinge gegen Elfenbein, Gold und Sklaven „getauscht". Daß man sich oft einheimischer Sklavenjäger bediente und somit Zwietracht unter den Völkern säte, ist keine Entschuldigung, denn der „Hehler ist so gut wie der Stehler" urteilen deutsche Gerichte. Von Westafrika ging es dann nach Amerika, wo die afrikanischen Menschen gegen Zucker, Tabak, und Baumwolle „getauscht" wurden. Hatte man bei der Rückkehr diese Waren im europäischen Hafen verkauft, war man ein gemachter Mann.

Als im beginnenden 19. Jahrhundert der Widerstand der schwarzen Plantagenarbeiter zunahm, und man mit dem Einsatz von Maschinen viele Arbeitskräfte auf den Pflanzungen wegrationalisieren konnte, hatte sich die Sklaverei im großen Stil überlebt. Unterstützt wurde dieser Prozeß durch neu aufkommende Ideen in Europa, die in der Französischen Revolution (1789) ihren deutlichsten Ausdruck fanden. 1807 verabschiedete das englische Parlament ein Gesetz, das den Sklavenhandel ab 1808 verbot, während die Sklaverei in Brasilien erst 1888 abgeschafft wurde. Damit neigte sich dieses Kapitel seinem Ende zu und hinterließ in den USA und in Südamerika eine verarmte, schwarze Unterschicht und in Afrika eine zerstörte Sozialstruktur. Das alles war gerechtfertigt worden im Namen der Zivilisation und der Religion unter Mithilfe der Wissenschaft. Am Ende nahm man die geringe soziale Stellung der Schwarzen in Amerika und das zerstörte Afrika als Beweis, daß die Schwarzen minderwertig seien, hätten sie es doch sonst zu mehr gebracht. So wurde das Opfer zum „Täter" umdefiniert.

Für den Sklavenhandel hatten sich die europäischen Staaten längst feste Stützpunkte entlang der afrikanischen Küste geschaffen. Das Geschäft mit Gold, Kautschuk, Elfenbein und anderen Kostbarkeiten lief nebenher. Als dann der Wert der Ware „Mensch" fiel, die beginnende Industrie nach billigen Rohstoffen rief, waren die alten Handelsstützpunkte hilfreich. Von hier aus wurden Expeditionen ins Landesinnere geschickt, „Schutzverträge" mit afrikanischen Königen oder Bürgermeistern geschlossen und der Einflußbereich vergrößert. König Leopold von Belgien hatte sich gar ein riesiges Stück aus dem Kuchen geschnitten, das heutige Zaire als Privatbesitz. Die unhaltbaren Zustände in König Leopolds Kongo, Mord, Entvölkerung ganzer Landstriche, Plünderung der Natur usw., Konflikte der Großmächte England und Frankreich beim Festlegen ihrer Interessensphären in Afrika und der verstärkte Widerstand der ausgeraubten afrikanischen Völker, ermöglichten Bismarck den Einstieg ins profitable Geschäft. 1884 berief er die Kongokonferenz nach Berlin ein. Hier einigten sich die europäischen Staaten unter Beteiligung der ehemaligen Kolonie USA auf die Teilung Afrikas. Die Grenzen wurden mit dem Lineal gezogen ohne Rücksicht auf alte Staaten oder Völker. Auch Deutschland bekam ein kleines Stück vom Kuchen: Südwest, Togo, Kamerun und Deutsch-Ost-Afrika.

Afrika haben wir damit entdeckt und die Menschen in diesem Kontinent fast nur unter dem Gesichtspunkt der Vermarktung wahrgenommen. Bleibt noch nachzutragen, daß wir zwischen den Weltkriegen Ersatzstoffe für viele afrikanische Güter und neue Maschinen und Automaten erfunden hatten, die die Plantagen und Arbeitskräfte in den Kolonien nicht mehr so notwendig machten. Als daher der Widerstand gegen die Eroberer in Afrika größer wurde, „entließ" man überstürzt die Kolonialreiche 1960/61 fast alle in die Unabhängigkeit. Grundlagen für einen funktionierenden Staat wie z. B. eine Infrastruktur, geschulte Techniker und Verwaltungsfachleute hatten wir in den Kolonialjahren nicht gelegt.

Viele der heutigen Probleme Afrikas sind das Resultat der jahrhundertelang währenden Plünderung und Unterdrückung. Doch diese Verantwortung will kaum jemand übernehmen. Stattdessen halten wir fest am bewährten Bild des „unfähigen Negers", das den Kolonialismus so trefflich rechtfertigen ließ.

Nie sahen wir den Afrikaner anders als unter dem jeweiligen Nutzaspekt: Waren es vor 1400 die angstmachenden, unbekannten Monstren, die angeblich in Afrika lebten, im Zeitalter der Sklaverei die dumpfen, tierischen Halbmenschen, als Arbeitstiere unter der Peitsche stark und widerstandsfähig, so wurden es in der Kolonialzeit die unmündigen Kinder, die es von der niederen auf eine höhere Kulturstufe zu bringen galt. So definierte sich der Ausbeuter zuletzt zum Lehrer und Erzieher.

Was unsere Umgangssprache verrät

„Wir müssen die Sprache, die Worte, die Begriffe besetzen, wenn wir das Land gewinnen wollen", schrieb ein Generalsekretär seiner Partei ins Stammbuch. Besetzen? Führen wir Eroberungskriege mit Worten? Welche Rolle spielen Worte im Miteinander und Gegeneinander? Ja, Worte können Waffen sein, können verletzen, beleidigen, unterdrücken. Sprache als Macht- und Unterdrückungsinstrument wirft die Frage auf, wer bei diesem Thema der Überlegene ist und wer unterdrückt wird. In diesem Zusammenhang ist es erstaunlich zu sehen, wie reich unsere Sprache ist an Begriffen und Redewendungen um und über den Afrikaner, den Schwarzen, den Neger. Daher zuerst ein Blick in das „Wörterbuch der deutschen Umgangssprache" (siehe Seite 156).

„Haste mal 'ne Mark für mich?" – „Schon mal einem nackten Neger in die Tasche gepackt?"

„Bei denen sieht es ja aus wie bei den Hottentotten!"

„Bringste mir 'ne Cola mit?" – „Ich bin doch nicht dein Neger!"

Nackt, arm, unordentlich, der Diener vom Dienst oder immer wegen

Hottentottenboy *m* modisch gekleideter Halbwüchsiger. Die Hottentotten sind ein afrikanisches Urvolk in Südwestafrika. Sie wurden bekannt durch Aufstände in der früher deutschen Kolonie sowie durch Auftreten in Völkerschauen. Ihre Lebensweise, ihre Tracht usw. waren den Weißen unverständlich, ja lächerlich, weswegen »Hottentotte« zum Scheltwort auf einen Lächerlichen wurde. *Jug* 1955 ff.

Kaffer *m* 1) Dorfbewohner; dummer Bauer; Ungebildeter. Im Jiddischen ist »kapher« der Bauer (Wolf 1, 2408). Das Wort wandert von den Gaunern in die Mundarten und von dort in die Studentensprache; vgl. Paul-Betz 5, 335. *Rotw* 1714 (Kluge, Rotw 1, 177); *stud* 1846 (Vollmann 1, 100). Berlin 1850 (Slg Kollatz-Adam); meckl 4, 17; schlesw 3, 11; rhein 4, 46; Elsaß 1, 425; Waldeck 1, 152; sächs (Bruns 1, 34) Lit: Wieland u. a. m. (Dwb 5, 25); 1920 Ostwald 7, 102; 1959 A 156/51. Vgl das Folgende.
2) Lehrer. Das Wort hat hier allgemeine Schimpfwortgeltung. Vielleicht bezeichnete man anfangs so den Dorfschullehrer. Wohl beeinflußt von den Kaffern, den Bantunegern in Südafrika: die Bewohner Afrikas galten (gelten) als unzivilisiert und dumm. Berlin 1850 (Slg Kollatz-Adam); Sachsen 1910 (Eilenberger 1, 57). Lit: 1968 A 575/32.

Kaffernkral *m* 1) rohgezimmerter, verschmutzter, unter Wasser stehender Schützengraben. Meint eigentlich das Hottentottendorf mit seiner primitiven Bauweise. *Sold* 1914/18.
2) minderwertige Gaststätte mit überhöhten Preisen. KAFFER = dummer Mensch (WdU I). Berlin 1920 ff.

Mohreneier *pl* Marzipan-Ostereier mit Schokoladenüberzug. Mohreneier sind die Hoden eines Mohren; zu Eier vgl WdU I. Berlin 1955 ff., *jug*.

Mohrenwäsche *f* (vergeblicher) Versuch der völligen Entlastung eines Schuldigen.

Neger *m* 1) schlechteste Note. Entweder Anspielung auf die vermeintlich geistige Unterentwicklung der Neger oder weil alles Schwarze Sinnbildgeltung für Ungünstiges und Unheil besitzt. Österr 1950 ff.
2) Einzelgänger. Vielleicht Anspielung auf die gesellschaftliche Herabsetzung der Neger (Rassendiskriminierung). 1950 ff., *schül.*

Negerbimmel *m* Blutwurst. Vgl. NEGERPIMMEL.

Negerdorf *n* 1) unansehnliches, wenig fortschrittliches Dorf; Vorort. Hängt wohl zusammen mit den Schilderungen der Kolonialforscher es 19. Jhs, auch mit der späteren Völkerschau. Schlesw 3, 773; Westfalen; Zürich 2, 48.
2) Winterfrische. Von der Sonne geschwärzt, kommt mancher »wie ein Neger« heim. Lit: 23. 3. 1959 A 203.

Negerfahne *f* grellbuntes, auffallendes, geschmackloses Kleid von geringer Qualität. Kleider dieser Art werden von den Negerfrauen geschätzt. Vgl. FÄHNCHEN (WdU I). 1900 ff.

Negerklöten *pl* Marzipan-Ostereier mit Schokoladenüberzug. KLÖTEN = Hoden (WdU II). *Jug* 1955 ff., Berlin u. a.

Negerkinder *pl* zugunsten armer N. verzichten = Verzicht leisten. Hergenommen von gemeinnützigen Sammlungen für notleidende Negerkinder. 1950 ff., *schül.*

Negerpimmel *m* (schmale, harte) Blutwurst. PIMMEL = penis (WdU II). Meiner Erinnerung nach im ersten Weltkrieg aufgekommen. Rhein (Dittmaier 1, 92). *Sold* 1939/45 (Loose 1, 285).

Negerpisse *f* 1) Ersatzkaffee. Arbeitsdienstler und Soldaten, 1935 ff.
2) Coca Cola. Etwa seit 1950.

Negerschweiß *m* Coca-Cola. Man nimmt an, auch der Schweiß des Negers sei schwarz. Meint seit dem frühen 20. Jh auch den Kaffeeaufguß, den Teeaufguß, den Kakao, den Rübensaft und die Lakritzen. Vgl WdU I. *Halbw* nach 1930.

Wilde *pl* 1) toben wie die W.n = umhertollen; ausgelassen sein; heftig schimpfen. Steht im Zusammenhang mit der den Durchschnittseuropäern fremd wirkenden Tanzzeremonie der afrikanischen Eingeborenen, wie sie durch Kolonialberichte und durch Hagenbecks Tier- und Völkerschauen bekannt geworden ist. Seit dem späten 19. Jh Beliebte Vokabel im Munde der Eltern und der älteren Gymnasiasten. Lit: 1932 Fallada 2, 213; 1938 Bretschneider 1, 106; 1966 A 19/16.
2) toben wie zehn nackte W. im Busch (im Schnee) = heftig toben; kräftig schimpfen. Erweiterung des Vorhergehenden zu einem anschaulichen Bild. 1900 ff.

nichts einen Aufstand machen, das sind die Eigenschaften, die dem „Neger“ zugeordnet werden. Überhaupt das Wort *Neger*; es ist erstaunlich, wie schwer es vielen fällt, sich von dieser Bezeichnung zu verabschieden. „Das ist doch nicht rassistisch. Die heißen doch so“, meinen viele. Doch für Professor Engel vom Institut für Deutsche Sprache ist es keine Frage: „Die Aussagen sämtlicher Gewährsleute sind eindeutig“, schreibt er in einem Brief an die Deutsche Welthungerhilfe.

„Neger“ und „Nigger“

„‚Neger‘ kann heute nicht mehr wertfrei verwendet werden. Wenn heutzutage ‚Neger‘ gesagt wird, so ist damit in der Regel eine beabsichtigte oder unfreiwillige Abwertung verbunden. Deutlich scheint hier das englische ‚Nigger‘ hereinzuspielen, das ja in unveränderter Form in die Alltagssprache übergegangen ist in Wendungen wie ‚für jemanden den Nigger machen.‘ Über die Ursachen des Bedeutungs- und Gebrauchswandels (in der Nachkriegszeit wurde die Bezeichnung ‚Neger‘ in der Literatur noch völlig wertfrei gebraucht) gibt es nur Vermutungen. Ziemlich sicher scheint jedenfalls zu sein, daß vor allem die früher mit diesem Namen Bezeichneten das Wort nicht mehr haben wollen, wahrscheinlich in Erinnerung an die Unterdrückung der Kolonialzeit. Es gibt zahlreiche Belege dafür, daß vor allem von den Farbigen selbst eine neue, dem Ursprung nach neutrale Bezeichnung verlangt wurde. Die Intellektuellenschichten der Industrienationen haben diese Forderung akzeptiert, sie verbinden damit in der Regel ein deutliches Bekenntnis zur Gleichwertigkeit der ‚Rassen‘, was immer das heißt…“

Auszug aus Küppers Wörterbuch der deutschen Umgangssprache

Von der Macht des Namens

Doch das Recht, den anderen zu benennen, ihm einen Namen zu geben, war schon immer ein Herrenrecht, denn: „Mit der Frage nach dem Namen fragt man nach der Person, ihrer Existenz und Mächtigkeit, und mit dem Wissen um den Namen hat man Gewalt über seine Träger. Somit kann man durch das Aussprechen des Namens eine Sache oder eine Person in seine Verfügungsgewalt bekommen. Erst mit dem Namen, den der Mensch den Tieren gibt, existieren sie und werden für ihn verfügbar, und der Mensch richtet dadurch… (seine) Herrschaft auf“, analysiert der Theologe Klaus Gouders den Zusammenhang auf dem Hintergrund der christlichen Tradition unserer Gesellschaft. Damit wird es bezeichnend für unsere Einstellung schwarzen Menschen gegenüber, daß so viele sich mit dem Argument herausreden: „sei doch nicht so empfindlich, es ist doch ganz wertfrei gemeint“, ohne zu fragen, wie es der Benannte empfindet. Barbro Krüger-Baffoe schreibt dazu in der Zeitschrift des Verbandes Bi-nationaler Familien und Partnerschaften: „Unser Sprachgebrauch ist Ausdruck unseres Denkens, unserer Einstellung, unseres Bewußtseins. Es ist geprägt durch historische, gesellschaftliche, soziale und kulturelle

Zusammenhänge – und kann daher niemals ‚neutral' oder ‚wertfrei' sein. Es geht daher auch nicht allein um den einzelnen Begriff, der – für sich genommen – ja nicht unbedingt rassistisch sein muß. Es geht darum, wie ein bestimmtes Wort in der deutschen Sprache generell benutzt und verstanden wird – und eben nicht darum, ob ich persönlich nun diesen oder jenen Ausdruck rassistisch finde oder nicht."

„Black is beautiful"

So wie es Europäer, Deutsche und Engländer gibt, so gibt es zunächst einmal Afrikaner, Kameruner und Nigerianer. Und wenn ich die Nationalität nicht kenne, ist „Schwarze" ein Begriff, der im Rahmen der anti-rassistischen Bewegung von den Betroffenen selbst gewählt wurde. So erklärte die Initiative Schwarze Deutsche (ISD): „Unsere Definition von schwarz beschränkt sich übrigens nicht auf die Hautfarbe, sondern schließt alle von Rassismus betroffenen Minderheiten ein. Mit Begriffen wie ‚Schwarze Deutsche' und ‚Afro-Deutsche' (in Anlehnung an ‚Afro-amerikanisch') als Ausdruck unserer mulitkulturellen Herkunft bestimmen wir uns selbst, statt bestimmt zu werden." In diesen Zusammenhang gehört auch die „Black-Power-Bewegung" in den USA. Diese Bürgerrechtsbewegung hat den abwertenden Begriff „schwarz" umgedreht: „black is beautiful" – „schwarz ist schön!" und „black power" – „Schwarze Macht" bedeuten, zu sich zu stehen, solidarisch zu sein und die Urteile der Weißen über die Minderwertigkeit der Schwarzen abzulehnen. Schwarz meint hier mehr als die gemeinsame Hautfarbe, denn die weist viele Schattierungen auf; schwarz bezieht sich auf kollektiv erfahrene Unterdrückung und Diskriminierung und wehrt sich gegen Versuche der scheinbar gut gemeinten Differenzierung: Schwarzamerikaner, Schwarzafrikaner – hier hellhäutige Eriträer, schlanke, große Massai, dunkelhäutige Nigerianer mit Wulstlippen etc., oder Differenzierung nach Bildung, Status, politischer Aktivität, die hinter diesen Unterscheidungsversuchen steht. Sie orientieren sich an der Helligkeit der Haut, den „feinen" Gesichtszügen, der Ähnlichkeit mit westlichen Werten – immer nach dem Motto: Je ähnlicher uns Europäern, desto besser!

„Ich bin Deutsche, und ich bin dunkel."

Ellen Wiedenroth hat beschrieben, was viele Afrodeutsche, Afrikaner oder Afroamerikaner in Deutschland erleben: Wenn es darauf ankommt, bist du schwarz, und das heißt anders, lediglich „Auch-Mensch".

„Ich bin Deutsche, und ich bin dunkel. So dunkel nun auch wieder nicht. Oft habe ich in den Spiegel geschaut und mich gefragt, was mich nun eigentlich unterscheidet, was mich so anders macht in den Augen der anderen. Innerlich bin ich deutsch durch meine deutsche Umgebung, die Schule, mein Zuhause – deutsch eben. Und trotzdem wurde mir immer wieder nahegelegt, daß ich genau das nicht wäre. Aber warum? Es hängt eben alles an Äußerlichkeiten.

Die deutsche Sprache hat für braune Haut nur Bezeichnungen, die

Ein immer noch beliebtes Kartenspiel für Kinder

dem Bereich des Essens und Trinkens entliehen sind, wie ‚schokoladenbraun' oder ‚kaffeebraun'. Wer für mich eine Zuordnung auf der Farbskala sucht, könnte mich vielleicht bei ‚milchkaffeebraun' einstufen. Gibt es das überhaupt? Oh ja, in der Wahrnehmung der Leute gibt es eine Unsumme von Schattierungen und entsprechende Benennungen. Ihnen gemeinsam ist die Abweichung von der allgemein nicht benannten Norm, dem Weiß-Sein.

Aber gleich, wieviele Nuancen benannt werden, es läuft immer auf dasselbe hinaus: Du wirst gebrandmarkt (ach nein, gekennzeichnet) als Nicht-weiß. Und die vielen Schattierungen sind letztlich gar nicht mehr wichtig. ‚Nicht-weiß' ist eben in erster Linie ‚schwarz'."

R. u. G. Riepe:
Du schwarz – ich weiß (1992)

Beispiele von Kinderliedern und Gedichten, z. T. sogar aus Schulbüchern, demonstrieren, daß die rassistische Ideologie noch fester Bestandteil der Pädagogik bis weit ins 20. Jahrhundert hinein war:

Als unsre Kolonien vor Jahren
noch unentdeckt und schutzlos waren,
schuf dort dem Volk an jedem Tage
die Langeweile große Plage,
denn von Natur ist nichts wohl träger
als so ein faultierhafter Neger.
Dort hat die Faulheit, das steht fest,
gewütet fast wie eine Pest.
Seit aber in den Kolonien
das Volk wir zu Kultur erziehen
und ihm gesunde Arbeit geben
herrscht dort ein muntres, reges Leben.
Seht hier im Bild den Negerhaufen
froh kommen die herbeigelaufen,
weil heute mit dem Kapitän
sie kühn auf Löwenjagden gehn...

Kindergedicht um 1910
Zit. n. W. Michler:
Weißbuch Afrika (1988)

Afrika heute

Der afrikanische Kontinent war von den Europäern noch nicht vollständig erforscht, als die europäischen Staatsmänner 1884 die machtpolitische Aufteilung Afrikas beschlossen. Das Zeitalter des europäischen Kolonialismus mit seinen grausamen und weitreichenden Folgen für die Afrikaner begann.

Stadtansicht des modernen Johannesburg, der mit 1,6 Mio. Einwohnern größten Stadt der Republik Südafrika

Ohne Rücksicht auf die gewachsenen Strukturen des Kontinents, wird Afrika 1884 wie mit dem Lineal unter den europäischen Kolonialmächten aufgeteilt. Walter Michler dokumentiert die Berliner Konferenz und ihre Auswirkungen für die Beziehung zwischen Afrika und Europa:

„In Berlin hatte man unseren Kontinent aufgeteilt.
Man kam, uns zu erziehen.
Man kam, uns zu zivilisieren.
Dieser Vertrag von Berlin hat mich lange gekränkt.
Das Schlimmste aber war, daß man mich dieses Datum lehrte.
Eine ganze Stunde lang nannte man uns
die Namen der Vertragspartner von Berlin.
Ihre außergewöhnlichen Fähigkeiten,
Den Mut der Forscher,
Den selbstlosen Humanismus,
Aber niemand,
Absolut niemand wies hin auf die Beleidigung,
Auf die Schmach, die uns Afrikaner überall begleitete.
Mein Volk wurde zur Maschine.
Es wurde aus der Ferne gesteuert, es war fast tot.
Erstorben war das Bewußtsein seiner Persönlichkeit.
Mein Volk war kolonisiert",

so betrachtet der burundische Schriftsteller Michel Kayoya, gewissermaßen stellvertretend für den gesamten Kontinent, jene Konferenz, zu der der deutsche Reichskanzler Bismarck dreizehn europäische Staaten sowie die USA im Jahr 1884 nach Berlin einlud. Zuvor war die Epoche des Sklavenhandels formell zu Ende gegangen, und die Europäer hatten mit der territorialen Eroberung des schwarzen Kontinents begonnen, wobei sie schnell in Streit untereinander gerieten, insbesondere darüber, wer künftig den ‚Kongo' besitzen sollte. Um zu schlichten, griff Bismarck ein. Und da sich Europas Staatsmänner über Afrika nicht noch einmal streiten wollten, legten sie auf der Berliner Kongokonferenz von 1884/85 gleich die Spielregeln für die Eroberung des gesamten Kontinents fest. Obwohl sie zu jenem Zeitpunkt nur dessen Küsten kontrollierten und sein Inneres lediglich aus einigen Reiseberichten flüchtig kannten!

W. Michler:
Weißbuch Afrika (1988)

Das Bild Afrikas, so wie es die ersten europäischen Forschungsreisenden sahen, hat sich in der Zwischenzeit beträchtlich gewandelt. Doch hat der durch die geographischen Entdeckungen mit eingeleitete Prozeß der kolonialen Eroberungen und Ausbeutung des afrikanischen Kontinents bis heute seine Spuren hinterlassen. Auch wenn die meisten Länder Afrikas seit Beginn der 60er Jahre über ihre staatliche Unabhängigkeit verfügen, konnten sie für die dringlichsten Probleme ihrer Einwohner bis heute keine Lösung finden. Neue Schwierigkeiten sind hinzugekommen, bereits im Anfangsstadium vorhandene haben sich verstärkt. Wissenschaftler, die sich mit dieser Problematik befassen, sprechen von einer „afrikanischen Krise". Der Hamburger Politologe Rainer Tetzlaff wagt einen Ausblick in die Zukunft Afrikas:

In den 90er Jahren stehen alle Regionen der Dritten Welt (und auch der Zweiten Welt) vor gewaltigen Herausforderungen, die u. a. auch durch globale krisenträchtige Trends verursacht werden: die Verknappung und Verteuerung von Energiequellen, die Erosion von Land, die Verknappung von Trinkwasser, die Arbeitslosigkeit in den Städten bei rasch wachsender Bevölkerungszahl, die Zunahme der Auslandsverschuldung, schlechte Aussichten für die Stabilisierung der Außenhandelseinkommen etc. In Afrika sind die dabei zu bewältigenden Probleme überwiegend struktureller Natur, d. h. durch politischen Aktivismus nicht schnell aus der Welt zu schaffen.

Die afrikanische Krise

Einige zentrale Daten zur „afrikanischen Krise" sollen diesen Sachverhalt veranschaulichen. Ca. drei Viertel aller afrikanischen Länder stehen zu Beginn der 90er Jahre finanziell vor dem Ruin – die Außenverschuldung hat unerträgliche Ausmaße – über 100 Mrd. US Dollar und einen jährlichen Schuldendienst von 9 Mrd. Dollar – angenommen und „fresh money" gelangt kaum noch nach Afrika. Aufgrund sinkender „terms of trade" im Außenhandel ist Afrika handelspolitisch wie finanziell in eine Sackgasse geraten: kaum ein Land kann seine (ohnehin schon stark gedrosselten Importe) noch durch Einnahmen aus den Exporten finanzieren. In sozialer Hinsicht befinden sich fast alle Länder im Prozeß zunehmender Verarmung: während die Zuwachsraten der Arbeitslosigkeit, des

Analphabetismus, der Kindersterblichkeit, von AIDS und anderen Übeln weiterhin steigen, sinkt bereits die Lebenserwartung der Menschen in immer mehr Ländern – ein untrüglicher Indikator für sozialen Rückschritt.

Mit seinen 45 Staaten, in denen ca. 450 Millionen Menschen leben, ist Afrika südlich der Sahara (ASS) die einzige Region der Welt, in der das wirtschaftliche Wachstum pro Kopf im Laufe der 80er Jahre negativ geworden ist (es betrug minus 2,8 % 1980–1987). Das durchschnittliche Pro-Kopf-Einkommen ist von 411 US-Dollar im Jahr 1980 auf ca. 300 Dollar 1990 gesunken. Es steht zu befürchten, daß die absolute Armut – heute bei 100 Millionen Menschen angekommen – bis zum Jahr 2000 weiter zunehmen wird – keine günstigen Rahmenbedingungen für demokratische Reformen!

Szenarien des Zusammenbruchs

Die Gefahr ist nicht von der Hand zu weisen, daß Afrika als Verlierer der Weltwirtschaft von der Dynamik der internationalen Marktwirtschaft mehr und mehr abgekoppelt und als ökonomisch uninteressanteste, weil nicht wettbewerbsfähige Peripherie-Region einem ungewissen Schicksal – dem der Marginalisierung und Verelendung – überlassen wird. Die globalen Zusammenbruchs-Szenarien des „Club of Rome“ zu Beginn der 60er Jahre („Grenzen des Wachstums“) – basierend auf der Prognose einer kumulativen Verstärkung von fünf Indikatoren (Bevölkerungswachstum, Umweltbelastung, Industrialisierung, Energieverbrauch, Abnahme der Ressourcen) bei ungesteuertem Wachstum bis zum ökologischen Kollaps – sind in einzelnen Regionen Afrikas als ökologische Degradation von Dürregebieten in Äthiopien, Mosambique und im Sahel bereits Wirklichkeit geworden. Würde sich dieser Trend fortsetzen, dann würden alle Versuche der erweiterten marktwirtschaftlichen Integration Afrikas in die Weltwirtschaft mittels Entwicklungskrediten, technischer Hilfe und ausländischer privater Direktinvestitionen – seit dreißig Jahren das Ziel der Weltbank und anderer entwicklungspolitischer Organisationen – immer unrealistischer; stattdessen könnte Afrika südlich der Sahara und nördlich des Sambesi zu einem Sozialfall für die Weltpolitik absinken, abhängig vom Tropf der internationalen Caritas!

Im Interesse einer die Würde des Menschen und die Souveränität von Staaten achtenden Friedenspolitik sollte mit allen nationalen wie internationalen Mitteln versucht werden, dieses „worst case“-Szenario nicht eintreten zu lassen. Die Demokratisierung der Gesellschafts- und Herrschaftsverhältnisse in Afrika ist dabei ein notwendiger, aber keineswegs hinreichender Bestandteil innerhalb einer komplexen Strategie der Schadensbegrenzung und des Versuchs zur Überwindung von Unterentwicklung und Armut.

Auf eine Wirtschaftskrise strukturellen Ausmaßes – wie die „afrikanische Krise“ – können Gesellschaften prinzipiell auf drei Arten reagieren: durch Resignation der Staatsführung und ihr nahestehender Gruppen, durch dekretierte repressive Anpassung des Staates an externe wie interne Notwendigkeiten, durch mutige Reformen

Malaria-Prophylaxe in Tansania; das Plakat soll auch Leseunkundige über die gefährliche Tropenkrankheit aufklären.

von unten und oben zur Bekämpfung der Krisenursachen.

Wege aus der Krise

Der resignative Weg wird offenbar dann am ehesten beschritten, wenn alle bisherigen Entwicklungsversuche fehlgeschlagen sind und Hoffnungen auf Verbesserung der Lebensverhältnisse der Bevölkerung durch Eigenanstrengungen – berechtigt oder unberechtigt – abhanden gekommen sind (Option 1). Der Sudan und Algerien scheinen heute in einer solchen Krise zu stecken, ebenso wie regional begrenzte bäuerliche Gemeinschaften in Westafrika, denen z. B. die Nahrungsmittel „hilfe" der Europäischen Gemeinschaft jeden Anreiz zur Eigenproduktion genommen hat (Mali).

In solchen Fällen erlebter Entwicklungsohnmacht lauert die Dependenz-Falle, in die vor allem ungeduldige linke Intellektuelle (wie die Erfahrung in Lateinamerika gezeigt hat) leicht hineintapsen: alle Anstöße für die herbeigewünschte Wende werden von außen erwartet, in unterschiedlichster Weise, z. B. durch eine sozialistische Revolution, durch „Bruch" mit dem Weltmarkt, oder aber in Form von umfangreichen Auslandskrediten zu Sonderkonditionen, von weiteren Nahrungsmittel-Lieferungen, einer sich günstig gestaltenden Entwicklung der Rohstoffpreise und der Weltmarktkonjunktur, von nichtreziproken Handelsvergünstigungen, oder aber auch (wie zunehmend in Nordafrika und im Mittleren Osten) in Form der fundamentalistischen religiösen (islamischen) Heilslehren.

Dependenztheoretisch begründeter Entwicklungs-Pessimismus als Geisteshaltung ist in Afrika (zum Glück!) bisher noch nicht dominant, wenn auch seine wachsende Attraktivität in

Ein beliebtes Spiel der Kinder: Abgenutzte Autoreifen oder Fahrradfelgen werden durch die Stadt gerollt.

Zukunft bei Bildungseliten ohne Arbeits- und Einkommensperspektive – setzt sich die Abwärtstendenz der 80er Jahre fort – verständlich wäre. Bisher reagierten Entscheidungseliten auf die „afrikanische Krise" entweder durch Etablierung einer konsequenten Anpassungs-Diktatur, um von oben wirtschaftlich notwendige Roßkuren auch gegen heftigen sozialen Widerstand durchzupeitschen (2. Option), oder mittels umfassender sozialer und politischer Reformen, was den institutionellen Umbau der bestehenden Herrschaftsverhältnisse in Richtung auf mehr demokratischen Pluralismus einschließt (3. Option). Gegenwärtig bewegen sich die politischen Kräfte der Veränderung in Afrika auf einer Skala zwischen zwei Polen, der rigiden Anpassungsdiktatur von oben (Musterbeispiele Ghana und Burkina Faso) und der gelenkten Demokratisierung von unten auf Druck der konfliktfähigen Gruppen aus den urbanen Mittelschichten (Musterbeispiel Benin).

Chance für die Demokratie

Das Erstaunliche an den politischen Veränderungen in Afrika seit 1988/89 ist die Präferenz vieler Staaten für die demokratische Option als bevorzugte Reaktion auf die afrikanische Krise. Wo angesichts enormer wirtschaftlicher Probleme, die zu drastischen Sparmaßnahmen zwingen, die Verschärfung des staatlichen Interventionismus in den privaten Konsum und in die gesellschaftlichen Freiheiten nahe gelegen hätte, erzwingen Bürgerbewegungen und oppositionelle konfliktbereite Minderheiten (allen voran

Studenten, streikende Arbeiter und Angestellte des öffentlichen Sektors, Kirchen, Menschenrechtsbewegungen, Schriftsteller, Lehrer, Ärzte und Krankenschwestern) Verfassungsänderungen in Richtung auf Mehrparteiensystem und eine liberale Öffentlichkeit. Freilich bedeutet dieses Reformstreben nicht, daß dadurch sozial harte Strukturanpassungsmaßnahmen im wirtschaftlichen Bereich umgangen werden könnten.

Was ist von diesen „demokratischen Reformen“ zu halten? Sind sie mehr als eine reine Verlegenheitslösung, nachdem das logische Gegenteil – die militärische oder präsidentielle Entwicklungs-Diktatur – so wenig befriedigende entwicklungspolitische Resultate gezeitigt hat? Wer sind die sozialen Trägergruppen für eine dauerhafte Demokratisierung von Staat und Gesellschaft, – oder in der Sprache der modernen Transitionsforschung ausgedrückt –, wer hat Interesse und gleichzeitig die Kraft zur Konsolidierung der politischen Demokratie als Herrschaftsform? Und schließlich ist zu fragen: wie verhält sich das nördliche Ausland (vor allem der Haupthandelspartner Westeuropa) zu den politischen Veränderungsprozessen in den afrikanischen Gesellschaften? Werden die Regierungen zu demokratischen Reformen von außen aktiv ermutigt oder eher – von den Gläubigerstaaten des Westens – an erfolgreichen demokratischen Reformen gewollt oder unbeabsichtigt gehindert?

R. Tetzlaff:
Demokratisierung von Herrschaft und gesellschaftlicher Wandel in Afrika
(1991)

Schulkinder auf Sansibar; die Alphabetisierung und Ausbildung der Kinder ist auch in Afrika ein entscheidender Schritt auf dem Weg zur Demokratie.

Afrikanische Literatur

Der Literatur-Nobelpreis, mit dem 1986 erstmals ein afrikanischer Schriftsteller ausgezeichnet wurde, ist ein Meilenstein auf dem langen Weg der Anerkennung afrikanischer Literatur in Europa.

Blick auf den Indischen Ozean im touristisch kaum erschlossenen Nordosten der Insel Sansibar

Zur Zeit der großen geographischen Entdeckungen und danach in der Kolonialzeit wurde das Bild vom „Schwarzen Kontinent" in Europa fast ausschließlich von europäischen Berichterstattern geprägt. Nur äußerst selten gelangte ein Afrikaner nach Europa und hier zu einiger europäischer Bildung. So berichteten fast ausschließlich die „Weißen" über die entdeckten, bewunderten, verabscheuten oder gefürchteten, jedoch letztendlich immer besiegten „schwarzen Wilden".

Heute, wo fast alle Länder Afrikas ihre staatliche Unabhängigkeit errungen haben, schreiben afrikanische Schriftsteller, Wissenschaftler und Dichter ihre Versionen von der „Entdeckung" durch die Europäer nieder. Ihre Interpretation des kolonialen Zeitalters und der nachkolonialen Welt stellt die Geschichte des Afrikanischen Kontinents in einem anderen Licht dar. Auf diese Weise entstand eine eigenständige afrikanische Literatur, die in allen ihren Genres zur Weltliteratur gehört. Der Spezialist auf diesem Gebiet, Al Imfeld, schreibt darüber:

Als nach 85 Jahren Literaturnobelpreis diese Auszeichnung 1986 zum ersten Male einem Afrikaner gegeben wurde, sagte der geehrte Wole Soyinka aus Nigeria: „Dieser Preis hat symbolischen Wert. Er gehört nicht mir als Person; er anerkennt Afrika, eine ‚Dritte Welt' und die WELT-Literatur. Daher bin ich bloß ein Repräsentant. Ich sehe diese Auszeichnung als eine historische Geste oder als eine Rückkehr in eine Gegend der Welt, die man mit allen Mitteln verachtete und alles tat, um sie ganz vergessen zu machen."

Über 100 Jahre hinweg wurde Schwarzafrika systematisch degradiert. Dort war alles noch vor-menschlich, vor-geschichtlich, vor-religiös, vor-logisch. Erst wenn Afrika europäisiert und missioniert wäre, dem Abendland als Kolonie voll einverleibt, dann würde es Teil der Kultur und Zivilisation sein.

Doch es kam anders. Der Aufstand kam von der Literatur her. Gedichte und Geschichten wurden zur Waffe der Befreiung. Und diese Waffen mußten scharf sein, sonst hätten sie ja den Europäer nicht getroffen, verwundet und verändert.

Die Frage, was Europa Afrikas Literatur verdankt, ist nur indirekt zu beantworten. Diese Literatur half zunächst einmal, uns, die Franzosen, die Briten, Portugiesen, Belgier, die Weißen, die Arroganten auf ihren Platz in der Welt zurückzustellen. Sie erniedrigte uns sanft; sie entthronte uns von einem angemaßten Thron. Aber sie half mit, auch uns von einer schweren Last zu „befreien".

Daß so eine Literatur unsererseits fast zum Selbstschutz und dann aus Wut und Rache boykottiert wurde, ist begreiflich. Da sie wie eine Hornisse stach, sagten wir wie kleine Kinder: „Das ist gar keine Hornisse!", d. h. keine Literatur, zu politisch, zu vulgär und unausgewogen. Man verwehrte ihr den Charakter „Welt". Man kann das seit dem Zweiten Weltkrieg in den Feuilletons der westlichen Zeitungen genau nachverfolgen. Von der Zeit und Neuen Zürcher Zeitung bis zu Le Monde und The Times und erst recht auf der „rechten Seite" wie Le Figaro, Frankfurter Allgemeine Zeitung und Furche oder Rheinischer Merkur (alles Blätter mit viel Gewicht auf Kultur und Feuilleton) wurde Afrikas Literatur systematisch ausgelassen oder von „Missionaren" als „Zöglingsliteratur" herablassend behandelt. Noch vor kurzem konnte in einem der erwähnten Blätter ein weltbekannter Literaturkritiker fragen, ob es denn wirklich einen afrikanischen Autor gäbe, der es verdiene, im Sinne der „wissenschaftlichen Kriterien unserer Literaturwissenschaft" hier bei uns behandelt zu werden. Oder ob das nicht eher ein „Akt der Entwicklungshilfe" sei, also Literaturförderung.

Afrikas Literatur half mit, eine neue Welt zu schaffen, und war der Anfang einer langsamen Entkolonisierung. So gehört sie heute bereits mindestens zur WELTgeschichte.

Léopold Sédar Senghor begründete mit dem schwarzen Intellektuellen aus Martinique, Aimé Césaire, und vielen jungen Studenten in Paris die Négritude-Bewegung zu Beginn der 30er Jahre. Ihr schlossen sich einige der besten Dichter der damaligen Zeit an. Sartre, Camus, Graham Greene und Tennessee Williams waren vom „Schwarzen Orpheus" hoch begeistert und glaubten gar, daß es die „schönste Gedichtsammlung" seit Beginn des Jahrhunderts sei.

Das anglophone Afrika fand eine eigene Sprache mit vielen Stimmen in Nigeria, Kenia und Ghana, wie Chinua Achebe und Amos Tutuola, Ngugi wa Thiong'o und Ayi Kwei Armah.

Seit 80 Jahren schon blüht eine einmalige Widerstandsliteratur im südlichen Afrika. Für Romane haben wenige Autoren Zeit. Um so dichter wird ein Gedichtteppich zur Befreiung gelegt. Kein Land außer Südafrika besitzt momentan eine so reichhaltige Liste mit weltbekannten Namen von

Marktszene in Nongoma (Zululand)

Lyrikern: Kgositsile, Mtshali, Sepamla, Serote, Brutus usw.

Westafrikas frankophone Literatur geht momentan durch schwere Krisen hindurch. Es wiederholt sich das, was bereits bei Senghor zu beobachten war: Er war groß als Befreiungsdichter, einmal an der Macht, gelang ihm kaum mehr etwas. Es fehlte die nächste Vision. Die Frankophonie hat in eine neokoloniale Sackgasse geführt. Die Männer sind politisch ernüchtert. Es fehlt ihnen eine kreative Hoffnung.

Es ist begreiflich, daß in dieser Lage die Frau die Feder zu ihrer Waffe macht. Die aufregenden Bücher – außer dem neuen Genie aus der Republik Kongo, Sony Labou Tansi – stammen von Frauen: Mariama Bâ, Aminata Sow-Fall, Ken Bugul. Auch im englischschreibenden Raum Westafrikas reden wichtige Frauen im Literatursymposium mit: Ama Ata Aidoo, Buchi Emecheta, Flora Nwapa oder Efua Sutherland. (...)

„Dichter haben die Macht, mit ihren Worten eine neue Welt zu schaffen", glaubte ein Revolutionär, der ehemalige Freiheitskämpfer und spätere Präsident von Angola, Agosthino Neto. Afrika, so ist auch Soyinka überzeugt, wird „nicht mit Entwicklungshilfe auf den Weg der Zukunft [gebracht,] sondern mit den Worten der eigenen Dichter und radikalen Theologen".

Al Imfeld:
Zur Weltliteratur gehört auch Afrika,
zit. n.: K. Ludwig (Hrsg.):
Lebensbilder – Todesklagen (1988)

Das Motiv der Ankunft der Europäer und der Folgen wird in der afrikanischen Literatur oft thematisiert und setzt nicht selten leidvolle Erinnerungen frei. Vielleicht noch schmerzhafter ist, daß das Verhältnis zwischen Europa und Afrika auch in moderner Zeit oft durch europäische Arroganz und negative Vorurteile geprägt ist. Der afrikanische Schriftsteller Bukano Urewaga schildert in seinem Gedicht „Der Sprung" eindrucksvoll seine Emotionen gegenüber Europa:

Der Sprung

I.
Wenn Du mich fragst wo meine Heimat ist,
werd ich Dir sagen:
Wo der Himmel die Erde küßt
und der Wind flüsternd
in mannshohem Gras spielt.
Wenn Du nicht weißt was frei sein heißt,
werd ich Dir sagen,
was meine Eltern mich lehrten:
Laufe einen Tag und auch zwei und drei
mit federnden Füßen über heißes Land;
wenn Du niemand begegnest,
nur stampfenden Herden
und schillerndem Schmetterling,
dann bist Du frei.
Wenn Du mich fragst was ich liebe,
werd ich Dir sagen:
Frauen mit schwarzem Haar
und wiegenden Hüften,
Kinder mit Lachen
und Sonne, die Farben gebiert,
Nächte, die Sterne säen
in unendlicher Zahl
bis hin in mein Dorf.

II.
Als die Weißen kamen in mein Dorf,
so erzählte ein Onkel mir,
Donner war in der Luft und Feuer,
das Gras färbte sich rot.
Sie führten ihn fort, meinen Vater,
von Gewehren begleitet.
Die Weißen aber blieben in meinem Land.
In die Höhe bauten sie und in die Breite,
stählerne Stränge dehnten sich hin
bis an das Ende der Ferne –
doch nichts war mein.
Sie nahmen mir – die Weißen,
sie gaben mir – und wer bin ich heute,
zwischen Vergangenheit und Morgen,
in einem Land, das wieder mir gehört,
auf dem Sprung in Euer Land,
um das Morgen
meiner Heimat zu bereiten.

III.
Was schaut Ihr Euch um,
wenn meine Schritte wiegend über
hartes Pflaster gleiten?
Was starrt ihr mich an,
wenn dunkle Haut und schwarzes Haar
so fremd in Euren Reihen stehen?
Was horcht ihr auf,
wenn hell mein Lachen durch
graue Straßen klingt?
Ich bin anders als ihr –
Ihr seid anders als ich.
Oft hasse ich das Lächeln Eurer Lippen,
so herablassend überlegen.
Wir sind auf dem Sprung, Du und ich –
Wir sind auf dem Sprung, Dein Volk
und das meine –
auf dem Sprung in das Morgen,
ein Morgen, das Dir und mir gehört.

Bukano Urewaga:
Der Sprung (1980)

Ist die kulturelle Emanzipation der afrikanischen Völker schon ein langer und beschwerlicher Prozeß, so haben vor allem die afrikanischen Schriftstellerinnen eine mühsame Strecke zurückgelegt, bis sie sich der europäischen Öffentlichkeit als selbstbewußte und einfallsreiche Autorinnen präsentieren konnten.

Ama Ata Aidoo, geboren 1942 in der Zentralregion von Ghana, gehört zweifellos zu ihnen. Die Universitätsdozentin und ehemalige Erziehungsministerin von Ghana lebt jetzt in Simbabwe. Seit 1962 veröffentlicht sie Theaterstücke und Erzählungen. In ihrer Erzählung „Alles zählt" werden der Konflikt zwischen zwei aufeinanderstoßende Kulturen und die Suche nach dem eigenen Standort deutlich.

Alles zählt

Oft betrachtete sie ihre ernsten Gesichter und lachte still in sich hinein. Sie glaubten wirklich, was sie sagten. Aber sie kannte sie, weil sie alle als Schwester, Geliebte und Mutter liebte. Sie kannte sie so genau wie die Taschen ihrer Kleider. Wußte, daß es für sie viel einfacher war, darüber zu reden, wie schön es sei, man selbst zu sein. Sich nicht abzumühen, so wie weiße Mädchen auszusehen. Sich nicht die Haare zu glätten. Und vor allem, keine Perücke zu tragen.

Die Perücke. Ach, die Perücke! Einige sagen, sie sei aus künstlichen Fasern. Andere schwören, daß sie, wenn nicht aus Zigeunerhaar, dann aus chinesischem sei. Fanatiker sind sicher, daß sie aus den Haaren von Weißen gemacht werden – diese Version flößte ihr Grauen ein, denn irgendwo hatte sie vor langer Zeit von Deutschen gelesen, die Lampenschirme aus der Haut von Juden machten. Und sie bekam so eine Gänsehaut, daß alle Welt es sehen konnte. Zu anderen Zeiten, wenn ihre Welt freundlich aussah, wie dann, wenn sie mit Fiifi zusammen war, kamen ihr nicht so schreckliche Bilder in den Sinn. Dann dachte sie einfach an den Text von diesem „Highlife"-Lied und lachte. Dem Lied von den Leuten zu Hause, die sich überschlugen, um für getragene Kleider aus Amerika Wucherpreise zu zahlen... und als Studentin der Volkswirtschaft versuchte sie dann, sich auch ein paar andere Wahrheiten ins Gedächtnis zu rufen, die sie von Afrika wußte. Mittelmäßige Fachleute, die überdurchschnittlich gefährliche Ratschläge gaben. Oder die unnütze Meinungen aus fünfter Hand zum Besten gaben. Gebrauchte Maschinen von anderer Leute Schrottplatz. Schneepflüge für tropische Farmen.

Veraltete Traktoren.

Ausrangierte Flugzeuge.

Und jetzt Perücken – hergestellt aus dem Haar, das andere Leute nicht haben wollten.

An dem Punkt traten ihr, obwohl sie robust war, die Tränen in die Augen. Vielleicht hatte ihr Volk wirklich den Anschluß verpaßt, um selbständig zu denken. Und wenn Fiifi sie fragte, was los sei, erklärte sie es, indem sie jedesmal dieselbe Geschichte erzählte. Er schüttelte immer den Kopf und lachte sie aus, was hieß, daß sie schließlich mitlachen würde.

Der Transport schwerer, sperriger Lasten auf dem Kopf gehört zum afrikanischen Alltag (hier in Transkei).

Am Anfang hatte sie immer ernsthaft mit ihnen diskutiert. „Aber was hat das mit der Revolution zu tun, wenn man Perücken trägt?“ – „Viel, Schwester“, sagten sie. „Wieso?“ fragte sie und sträubte sich dagegen, etwas zu verstehen. „Weil es bedeutet, daß wir kein Selbstverständnis haben.“ Natürlich verstand sie, was sie meinten.

„Aber das ist doch komisch. Ich will euch mal was sagen, meine Brüder. Wenn wir die Probleme, die auf uns zukommen, richtig in Angriff nähmen, hätten wir gar keine Zeit, uns über solche Lappalien wie Perücken Gedanken zu machen.“

Sie machte sie wütend. Und es war nicht mehr das milde Mißfallen von Brüdern, sondern der Haß gekränkter Liebhaber. Sie sahen furchterregend aus, mit Augen, die sich veränderten, rot wurden und sie warnten, sie würden sie umbringen, wenn sie nicht vorsichtig wäre. Ach, sie jagten ihr große Angst ein, und das ziemlich oft. Besonders wenn sie daran dachte, was sie zu diesem Haß brachte.

Das war etwas anderes. Sie hatte schon immer gewußt, daß in ihrer Gesellschaft Männer und Frauen Wichtigeres zu tun hatten, als sich intellektuell zu bekämpfen. In der Schule hatte sie das allerdings nicht gelernt. Weil man nämlich eigentlich nicht zur Schule ging, um etwas über Afrika zu lernen … Was dies hier betraf, wie nannten die Fachleute das? Kampf der Geschlechter? Ja, was diesen Kampf der Geschlechter betraf, falls es in der alten Zeit bei ihrem Volk so etwas überhaupt gegeben hatte, dann unmöglich in so einem Ausmaß. Heutzutage bedeutet jedes kleine „Nein“, das man dem „Ja“ eines Jungen entgegensetzt, eine Aufforderung zur Schlacht. Ach, es gibt einfach zu viele Probleme.

Was das Imitieren weißer Frauen betrifft, mmh, was bleibt einem schon übrig, wenn man sieht, wie einige unserer Brüder sich benehmen? Dinge, die man mit eigenen Augen gesehen hat. Geschichten, die man gehört hat. Über afrikanische Politiker und Diplomaten im Ausland. Aber schließlich hat man schon genug Ärger, ohne großen Tieren auf die Zehen zu treten.

Nach einiger Zeit gab sie es auf, mit ihren Brüdern zu diskutieren. Sie stellte einfach klar und deutlich fest, daß die Perücke für sie persönlich eine bequeme Lösung darstellte. Sie konnte sich nicht leisten, viel Zeit für ihre Haare zu verschwenden. Letztendlich war die Perücke doch bloß ein Hut. Ein Turban. Sie sollten sie gefälligst in Ruhe lassen. Und außerdem, wenn sie wirklich eine Revolution wollten, warum arbeiteten sie nicht auf irgendeine Weise konstruktiv daran?

Sie brachte sie zum Schweigen. Denn auch sie kannten ihre Schwächen, daß sie selbst weder in der Lage noch bereit waren, den Realitäten ins Gesicht zu sehen und jene Aspekte ihres persönlichen Traums aufzugeben, die zwischen ihnen und den sinnvollen Taten standen, die sie vollbringen mußten. Vor allen Dingen war sie wirklich schön und klug. Sie liebten und respektierten sie. (…)

Ama Ata Aidoo:
Alles zählt

Kurzbiographien einiger bedeutender Afrikaforscher

Baker, Sir Samuel White
* 8. Juni 1821 in London, † 30. Dezember 1893 in Devonshire. Samuel White Baker studierte an Universitäten in England und Deutschland, ohne einen Abschluß zu erlangen. Finanziell gutgestellt, lebte er von 1843 bis 1845 zunächst auf Mauritius, dann von 1846 bis 1855 auf Ceylon, wo er der Großwildjagd nachging. Im Jahre 1861 reiste der Forscher nach Afrika, um seine verschollenen Landsleute J. H. Speke und J. A. Grant zu suchen. 1863 war die Suche erfolgreich. Ein weiteres Ziel seiner Reise galt der Suche nach den Nilquellen. 1864 entdeckte Baker auf dieser Expedition den Albertsee, woraufhin er 1865 nach England zurückkehrte. Die ägyptische Regierung beauftragte ihn 1870 – 1873 mit der Leitung einer Militärexpedition, die der Machterweiterung Ägyptens am Oberen Nil dienen sollte. Seinen Aufenthalten in Afrika folgten Reisen nach Indien, Nordamerika und Japan.

Barth, Heinrich
* 16. Februar 1821 in Hamburg, † 25. November 1865 in Berlin. Heinrich Barth, Sohn eines Kaufmanns, zeichnete sich schon in frühen Jahren durch eine große Sprachbegabung aus. 1839 nahm er in Berlin das Studium der klassischen Altertumskunde auf, bevor er sich der Geographie zuwandte. Einer Reise durch Italien folgte nach dem Studium eine Rundreise durch die Mittelmeerländer, die auch

Heinrich Barth

Pierre Savorgnan de Brazza

Nordafrika einschloß. 1848 erwarb Barth in Berlin die universitäre Lehrberechtigung für die Fächer Geographie und Alte Geschichte. 1849 wurde er von der englischen Regierung gebeten, an einer Militärexpedition nach Zentralafrika teilzunehmen. Ziel dieser Mission war die Anknüpfung von Handelsbeziehungen und die Unterdrückung des Sklavenhandels. Als einziger Überlebender der Expedition kehrte Barth 1855 aus Afrika zurück. Seine gewonnenen Erkenntnisse über die Sahara und den Sudan lieferten einen wichtigen Beitrag zur deutschen Afrikaforschung. In Deutschland versagte man ihm jedoch die berechtigte Anerkennung. So gestand man ihm nur eine unbezahlte Professur in Berlin zu. In der Folgezeit konzentrierte sich der Wissenschaftler wieder auf die Erforschung des Mittelmeeraums, wohin er noch mehrfach Reisen unternahm.

Brazza, Pierre Savorgnan de
* 26. Januar 1852 in Castel Gandolfo, † 14. September 1905 in Dakar. Pierre Savorgnan de Brazza entstammte einem alten italienischen Adelsgeschlecht. Auf Vorschlag eines Lehrers besuchte er die französische Marineschule. Ab 1870 führten ihn Einsätze als Offizier der französischen Flotte nach Amerika, Algerien, Südafrika und Französisch-Westafrika. Brazza, der die französische Staatsbürgerschaft angenommen hatte, erforschte 1875 – 1878 im Auftrag seiner Regierung den Lauf des Flusses Ogowé, der heute zum Staat Gabun gehört. 1880 reiste Brazza erneut nach Westafrika, stieß von dort zum Kongogebiet vor, wo er mit H. M. Stanley zusammentraf. Durch sein Engagement wurde die französische Kolonisierung des Kongo vorangetrieben. Im Jahre 1880 gründete er Brazzaville, die Hauptstadt von Französisch-Kongo.

Bruce, James
* 14. Dezember 1730 in Kinnaird House (Schottland), † 27. April 1794 in Kannaird. James Bruce, Nachkomme einer schottischen Adelsfamilie, brach aus mangelndem Interesse sein Jurastudium ab. Nach seiner Heirat mit einer wohlhabenden Händlerstochter ging Bruce mit seiner Frau nach Frankreich. Wenig später kehrte er nach dem plötzlichen Tod seiner Frau nach England zurück und widmete sich neben Handelsgeschäften wissenschaftlichen Studien. 1762 wurde ihm der Posten des britischen Konsuls in Algier angeboten, den er bis 1757 innehatte. Dann folgte seine Zeit als Forschungsreisender. Bis 1768 besuchte Bruce die antiken Stätten in Nordafrika, 1768 - 1770 die Region am Roten Meer. 1770 führte ihn seine bedeutendste Reise an den Hof des äthiopischen Kaisers, wo er zwei Jahre blieb. Von dort unternahm Bruce Reisen in den Süden, auf denen er die Gebiete am Tanasee erforschte. Die Äthiopienforschung erhielt durch Bruce wichtige neue Informationen.

Burton, Sir Richard Francis
* 19. März 1821 in Torquay (Devonshire), † 20. Oktober 1890 in Triest. Sein Studium der Theologie, das er 1840 aufnahm, vernächlässigte er zugunsten sprachwissenschaftlicher Studien, so daß er von der Hochschule in Oxford verwiesen wurde. 1842 begann er seine Karriere beim Militär. Bis 1849 hielt sich Burton als Leutnant in Indien auf, wo er im Auftrag der britischen Regierung landeskundliche Studien betrieb. Nach Reisen (1853 - 1855) in Arabien zum Horn von Afrika und der Teilnahme am Krimkrieg wandte er seine wissenschaftlichen Aktivitäten Ostafrika zu. 1856 - 1859 bereiste er das ostafrikanische Hinterland und die großen Seen, zeitweise gemeinsam mit J. H. Speke. Das bedeutendste Ereignis dieser Expedition war die Entdekkung des Tanganjikasees. Nach 1862 trat der Forscher in den diplomatischen Dienst der britischen Regierung. Als britischer Konsul von Fernando-Po (1861 - 1863) bereiste er Westafrika. Nächste Stationen als Konsul waren Brasilien (1865 - 1869) und Syrien (1869 - 1871). 1877 - 1878 unternahm er dann zwei Expeditionen im Auftrag des ägyptischen Vizekönigs nach Arabien. Erst 1882 kam Burton zusammen mit V. L. Cameron zu einem letzten Aufenthalt nach Westafrika zurück und bestieg zusammen mit dem deutschen Botaniker G. Mann als erster den Hauptgipfel des Kamerunbergs.

Cailliaud, Frédéric
* 9. Juni 1787 in Nantes, † 1. Mai 1869 in Nantes. Frédéric Cailliaud, von Beruf Goldschmied, hatte ein ausgeprägtes Interesse an Mineralogie und Archäologie, das ihn zu Reisen in ganz Europa veranlaßte. 1815 setzte Cailliaud seinen Wunsch, nach Ägypten zu reisen, in die Tat um. Nach einer Reise mit dem französischen Konsul durch Nubien erhielt er von der ägyptischen Regierung den Auftrag, die

Filmszene aus „Zu den Quellen des Nils“ von Bob Rafelson mit den beiden Titelhelden, die Burton (rechts) und Speke darstellen.

Wüsten und Oasen auf mögliche Bodenschätze zu untersuchen. Bis 1819 unternahm Cailliaud drei Reisen. 1820 wurde er von der französischen Regierung mit einer weiteren Expedition in die südlichen Nilländer beauftragt, die neue Erkenntnisse über die Geschichte dieser Region erbrachte.

Cameron, Verney Lovett
* 1. Juni 1844 in Radipole (Dorset), † 27. März 1894 in Soulboury. Während seiner Dienstzeit bei der britischen Marine kam er das erste Mal an Bord eines Kriegsschiffes nach Ostafrika. Nach der Teilnahme am Abessinischen Feldzug der Briten 1868 und einem dreijährigen Aufenthalt vor den Küsten Afrikas wurde der Offizier 1873 mit der Leitung der britischen Expedition zur Unterstützung D. Livingstones und H. M. Stanleys beauftragt. Als er die Mitteilung vom Tod D. Livingstones erhielt, beschloß er, die Expedition nicht abzubrechen, sondern bis nach Angola fortzusetzen. Dies war die erste Durchquerung Zentralafrikas durch einen Europäer. Reisen in den Vorderen Orient (1878–1879) und mit R. F. Burton nach Westafrika folgten.

Decken, Carl Claus von der
* 8. August 1833 in Kotzen, † 2. Oktober 1865 in Bardera (Ostafrika). Carl Claus von der Decken unternahm schon während seiner Militärlaufbahn Jagdreisen in Europa und Algerien. 1860 reiste der Adlige nach Ostafrika. Nach einem Zusammentreffen mit J. Rebmann erforschte er den Kilimandscharo, den er sehr exakt vermaß. Sein nächster großer Plan war eine Schiffsreise in das Landesinnere. In Europa ließ er deshalb zwei Dampfschiffe bauen. 1864 kehrte er nach Ostafrika zurück und begann seine Reisen auf dem Osi und Djuba. Die Expeditionen waren sehr aufwendig, hatten jedoch, im Verhältnis zur ersten gesehen, wenig Erfolg. 1865 wurde er von Einheimischen getötet.

Holub, Emil
* 7. Oktober 1847 in Holitz (Böhmen), † 21. Februar 1902 in Wien. Emil Holub, der aus einer Arztfamilie stammte, ging nach seiner medizinischen Promotion 1872 nach Südafrika. Als Arzt verdiente er sich das nötige Geld für eine Expedition in das Landesinnere. Zunächst unternahm Holub 1873 zwei kleinere Reisen. Zu Beginn des Jahres 1875 startete er dann eine Expedition zum Sambesi. Nach Verlust seiner Ausrüstung mußte er die nähere Erforschung der Region aufgeben, doch er erreichte den Victoriasee. Das Ergebnis dieser Expedition, die nur knapp ein Jahr dauerte, war eine umfangreiche naturkundliche und ethnographische Sammlung, die Holub an europäische Museen verteilte. Nach Europa zurückgekehrt, begann der Forscher mit der Vorbereitung einer weiteren Expedition an den Mittleren Sambesi, die er Ende 1883 mit seiner Frau antrat. Sie drangen in bis dahin unerforschtes Gebiet vor. Ein Überfall der einheimischen Bevölkerung zwang sie zur Umkehr. Auch von dieser Forschungsreise brachte Holub eine große Sammlung mit.

Verney Lovett Cameron

Hornemann, Friederich Konrad
Getauft 20. September 1772 in Hildesheim, † Februar 1801 in Bokane (Nigeria). Als Sohn eines Predigers studierte Friederich Konrad Hornemann 1791–1794 Theologie in Göttingen und arbeitete ein Jahr als Hauslehrer, bevor er 1795 das Studium der Anthropologie begann. Seinen Wunsch, nach Afrika zu reisen, konnte er mit finanzieller Hilfe der „African Association“ in London verwirklichen. 1797 erreichte Hornemann Kairo, von wo er 1798 ins Innere Afrikas aufbrach. Sein Ziel war der unerforschte Niger in Westafrika. Er erreichte wahrscheinlich sein Ziel, doch verstarb er bald darauf (1801). Erst 1817 erfuhr man in Europa durch andere Reisende endgültig von seinem Tod. Hornemann durchquerte als erster Europäer der Neuzeit die Sahara von Kairo aus über die Oasen Sina und Mussuk nach Tripolis.

Johnston, Sir Harry Hamilton
* 12. Juni 1858 in Kennington, † 31. August 1927 in Woodsetts House. Während seines Studiums beschäftigte Harry Hamilton Johnston sich mit Zoologie, Anatomie, Sprachen und Malerei. 1873 ging er aus gesundheitlichen Gründen nach Nordafrika. 1882 bereiste er Angola. 1884 wurde Johnston von wissenschaftlichen Gesellschaften in London mit der Expedition zur Erforschung des Kilimandscharo beauftragt. Erfolgreicher als seine wissenschaftliche Karriere war jedoch seine politische, die 1885 begann. Bis 1888 britischer Vizekonsul in Kamerun, wurde Johnston 1889 Konsul im portugiesischen Ostafrika. Es folgten Stellen als Generalkonsul in Zentralafrika (1891), ab 1897 in Tunis. Höhepunkt seiner Laufbahn war die Gouverneursstelle in Uganda, die er 1899–1901 innehatte.

Junker, Wilhelm
* 6. April 1840 in Moskau, † 1. Februar 1892 in St. Petersburg. Ohne finanzielle Sorgen, da aus einer vermögenden Kaufmannsfamilie stammend, beschloß Wilhelm Junker schon früh, Forschungsreisender zu werden. Nach seinem Medizinstudium bereiste er 1873 – 1874 Nordafrika. Angeregt von G. Nachtigal, H. G. Rohlfs und G. Schweinfurth, startete Junker 1875 seine Reise nach Ostafrika, die erst 1886 enden sollte. Intensiv bereiste er die Nilregionen, die Äquatorialprovinzen, wo er einige Zeit mit Emin Pascha verbrachte, und die Gebiete am Bahr-el-Ghazal. Seine wissenschaftlichen Berichte waren für die Afrikaforschung von großer Bedeutung, da sie zum Teil die ersten Informationen über diese Regionen beinhalteten.

Kingsley, Mary Henrietta
* 13. November 1862 in London, † 5. Juni 1900 in Simonstown bei Kapstadt. Mary Kingsley bereiste Afrika zweimal während der Jahre 1893 und 1900. 1895 bestieg sie als erste Frau den Hauptgipfel des Kamerungebirges. Wichtig war ihr Beitrag für die völkerkundlichen Kenntnisse über Westafrika.

Krapf, Johann Ludwig
* 11. Januar 1810 in Derendingen, † 26. November 1881 in Korntal. Johann Ludwig Krapf, der Sohn eines reichen Bauern, studierte Theologie, bevor er 1837 als Missionar nach Nordostafrika ging. Missionierungssversuche in Äthiopien scheiterten an politischen Schwierigkeiten und seinen gesundheitlichen Problemen. Krapf beschloß deshalb, seine Missionstätigkeit in Ostafrika fortzusetzen, wo er 1846 mit J. Rebmann zusammentraf. Mit ihm unternahm Krapf mehrere Reisen, auf denen sie 1849 gemeinsam den Mount Kenya entdeckten. Nach einem kurzen Aufenthalt in Deutschland kehrte der Missionar 1851 nach Ostafrika zurück. Missionierungsversuche im Landesinneren scheiterten. Nach einem erneuten Heimataufenthalt zog es ihn 1854 wieder nach Äthiopien; Krankheiten zwangen ihn wiederum zur Umkehr. Es folgte ein weiterer Aufenthalt in Ostafrika, bevor er 1867 an der englischen Militärexpedition in Äthiopien teilnahm. Ab 1868 widmete Krapf sich in Deutschland der Missionsarbeit. Schwerpunkt seiner wissenschaftlichen Arbeit war die Linguistik. In diesem Bereich lieferte Krapf wichtige Beiträge zur Erforschung der afrikanischen Sprachen.

Livingstone, David
* 19. März 1813 in Blantyre bei Glasgow, † 1. Mai 1873 in Chitambo (Sambia). Der aus ärmlichen Verhältnissen stammende David Livingstone besuchte neben der Arbeit in einer Baumwollspinnerei eine Abendschule und studierte anschließend Medizin. 1841 ging Livingstone als Missionar der Londoner Missionsgesellschaft nach Südafrika. 1849 begann sein Ruhm als großer Afrikaforscher mit der Durchquerung Afrikas von Angola bis zur Sambesimündung. 1855 entdeckte er die Victoriafälle. Seine erste Reiseperiode, auf der er als erster Forscher Südafrika von West nach Ost durchquerte, endete 1856.
Die zweite Forschungsreise (1858 – 1864), erneut zum Sambesi, wurde von der britischen Regierung unterstützt. Auf seiner Expedition entdeckte er den Chilwa- und den Njassasee. Auf seiner dritten und letzten Reise (1865 – 1873) beschäftigte ihn die Frage nach den Nilquellen, die immer noch nicht endgültig gelöst war. Aber auch Livingstone war nicht erfolgreich, da er sich, entgegen seiner Vermutung, nicht am Nil, sondern am Kongo aufhielt. Dennoch vollbrachte er herausragende wissenschaftliche Leistungen, besonders im Bereich der Geographie, auch wenn es seinen Forschungen oft an Systematik mangelte. Das läßt sich damit erklären, daß die Missionierung und „Zivilisierung" Afrikas seine Hauptanliegen waren und wissenschaftliche Erkenntnisse nur an zweiter Stelle standen.

Marchand, Jean-Baptiste
* 22. November 1863 in Thoissey, † 15. Januar 1934 in Paris. Jean-Baptiste Marchand durchlief die klassische Laufbahn eines französischen Kolonialpioniers. 1883 trat er in die Marineinfanterie ein. Seine erste Teilnahme an einer französischen Militärexpedition führte Marchand in die Gebiete des Oberen Nils. Es folgte eine Expedition im Auftrag des französischen Kolonialministeriums ins Hinterland der Elfenbeinküste (1892 – 1895). 1896 – 1898 durchquerte er auf Befehl der Regierung Afrika von der Küste Französisch-Kongos bis zum Golf von Aden. Entsprechend seiner Ausbildung und seines

David Livingstone mit seiner Tochter

Auftrags, nämlich Afrika für den Handel und die Kolonisation zu erschließen, waren seine wissenschaftlichen Erkenntnisse eher unbedeutend.

Mauch, Karl
* 7. Mai 1837 in Stetten, † 4. April 1875 in Stuttgart. Karl Mauch, Sohn eines Tischlers, stammte aus einer armen, kinderreichen Familie. Seinem Wunsch, Forscher in Afrika zu werden, versuchte er als Lehrer durch autodidaktische Studien näher zu kommen. Er lernte Englisch, Französisch und Grundbegriffe des Arabischen; gleichzeitig legte er naturkundliche Sammlungen an. Bemühungen zur Finanzierung einer Reise scheiterten, so daß er sich ohne Mittel allein auf die siebenjährige Reise wagte. Am 15. Januar 1865 erreichte Mauch Natal in Südafrika. Seinen Lebensunterhalt bestritt er notdürftig als Landarbeiter und Jäger. Nach seiner Erforschung des Gebiets zwischen Limpopo und Sambesi, der Entdeckung von Goldfeldern und Ruinen des sagenumwobenen Simbabwe im Jahre 1871 gewann er Wissenschaftler und andere Afrikareisende für Geldspenden. 1872 kehrte Mauch nach Deutschland zurück. Da seine Leistung aufgrund der fehlenden akademischen Ausbildung nicht durch eine entsprechende Anstellung gewürdigt werden konnte, plagten ihn wieder finanzielle Sorgen. So ist ungeklärt, ob der tödliche Fenstersturz 1875 ein unglücklicher Zufall oder Selbstmord war. Nach seinem Tod geriet Mauch schnell in Vergessenheit, so gibt es auch keine deutsche Veröffentlichung seines Gesamtwerks.

Nachtigal, Gustav
23. Februar 1834 in Eichstedt/Altmark, † 20. April 1885 vor Kap Palmas auf der Heimreise von Afrika. Gustav Nachtigal, der Sohn eines Pfarrers, wurde nach seinem Medizinstudium Militärarzt in Köln, bevor er wegen gesundheitlicher Probleme nach Algerien ging. 1868 erhielt er von H. G. Rohlfs den Auftrag, dem Herrscher von Bornu, einem der reichen Männer Westafrikas, im Namen der preußischen Regierung ein Geschenk zu überbringen. Diese diplomatische Exkursion verband Nachtigal mit einer Forschungsreise, die bis 1874 andauerte. Er reiste nur mit wenigen Begleitern durch die Sahara und dann vom Tschad nach Khartum. Seine Aufzeichnungen über diese Reise waren ein anerkannter Beitrag zur Sahara- und Sudan-Forschung, wovon sein Vorsitz bei der „Deutschen Afrikanischen Gesellschaft“ und auch der „Gesellschaft für Erdkunde“ in Berlin zeugen. Nachtigal wurde 1879 Generalkonsul in Tunis und trat 1884 als Reichskommissar für die deutschen Gebiete in Westafrika in den Kolonialdienst ein.

Park, Mungo
* 10. September 1771 in Foulshiels (Schottland), † 1806 am Niger (Afrika). Mungo Park, der in einer kinderreichen Familie eines Pächters aufwuchs, arbeitete nach seinem Medizinstudium in Edinburgh 1792–1793 als Schiffschirurg. 1794 trat er dann in den Dienst der „African Association“. 1795–1797 führte ihn sein erster Auftrag nach Gambia. Diese Reise war wissenschaftlich, besonders im Bereich der Geographie, ein großer Erfolg. 1803 wurde Park erneut die Leitung einer Expedition angetragen. Sie sollte den genauen Verlauf des Nigers erkunden. Die personelle Stärke und umfangreiche Ausstattung der Expedition war außergewöhnlich: Park wurde von 35 Soldaten und acht Zivilisten begleitet. Doch die Strapazen des Marsches ließen nur noch elf Expeditionsteilnehmer den Niger erreichen. Kurze Zeit später wurde M. Park von Einheimischen angegriffen und ertrank in den Stromschnellen des Nigers.

Rebmann, Johann
* 16. Januar 1820 in Gerlingen, † 4. Oktober 1876 in Korntal. Der Bauernsohn Johann Rebmann ging neunzehnjährig zur Basler Mission, die ihn 1846 nach Ostafrika entsandte. Dort lebte er 29 Jahre. Rebmann begleitete J. L. Krapf auf mehreren Reisen und entdeckte mit ihm 1848 den Kilimandscharo. Sein wissenschaftliches Interesse galt im besonderen geographischen und sprachwissenschaftlichen Studien.

Rohlfs, Heinrich Gottfried
* 14. April 1831 in Vegesack (bei Bremen), † 2. Juni 1896 in Rüngsdorf. Heinrich Gottfried Rohlfs, Sohn eines Arztes, diente nach dem Abitur in der schleswig-holsteinischen Armee. 1852 begann er mit dem Medizinstudium und trat 1855 der französischen Fremdenlegion als Militärarzt bei. Bis 1861 wurde er in Nordafrika eingesetzt. Verkleidet als Araber, mit wenig Geld ausgestattet und vielen gefährlichen Situationen ausgesetzt, erkundete er 1861–1864 Nordafrika. Nachdem seine Leistungen in Wissenschaftlerkreisen gewürdigt wurden und er finanzielle Unterstützung, u. a. von H. Barth, erhalten hatte, führten ihn weitere Reisen bis zum Golf von Guinea (1865–1867) und 1869–1874 in die Kufra-Wüste. 1879 führte Rohlfs eine diplomatische Mission im Auftrag der deutschen Regierung von Äthiopien durch und wurde 1884 Generalkonsul von Sansibar. Wieder in Deutschland, hielt der Forscher zahlreiche wissenschaftliche Vorträge.

Schnitzer, Eduard (Emin Pascha)
* 28. März 1840 in Oppeln, † 23. Oktober in Kinene (Afrika). Eduard Schnitzer, sein Stiefvater war Bankier, trat 1865 nach Beendigung des Medizinstudiums als Arzt in osmanische Dienste. 1875 ging Schnitzer nach Ägypten. Der islamischen Welt paßte er sich durch seinen neuen Namen, Emin, an. 1878 wurde Schnitzer zum Pascha (Gouverneur) der südlichsten Provinz, Äquatoria, ernannt. Im April 1888 traf er mit H. M. Stanley zusammen, der von der britischen Regierung mit seiner Befreiung beauftragt worden war. Für die deutsche Kolonialmacht führte Emin Pascha 1890 eine Expedtion ins ostafrikanische Hinterland durch. Da er aber Abkommen zwischen der deutschen und der englischen Regierung mißachtete, wurde er 1891 aus deutschen Diensten

entlassen. Auf einer Reise in das Kongogebiet wurde Emin Pascha von Sklavenhändlern im Oktober 1892 ermordet. Emin Pascha hat besonders über die Region der großen Seen in Ostafrika wichtige Informationen zum Klima sowie zur Flora, Fauna und Ethnographie geliefert.

Schweinfurth, Georg
* 29. Dezember 1836 in Riga, † 19. September 1925 in Berlin. Georg Schweinfurth, der aus einer wohlhabenden Kaufmannsfamilie stammte, absolvierte ein umfangreiches naturwissenschaftliches Studium. In seiner Doktorarbeit bearbeitete er die Pflanzensammlungen verschiedener Afrikaforscher. 1863–1866 bereiste Schweinfurth selbst Äthiopien und den Osten des Sudans. 1868 folgte die bedeutendste und bekannteste Forschungsreise des Wissenschaftlers. Diese Expedition, die bis 1871 andauerte, wurde von der „Preußischen Akademie der Wissenschaften" finanziert und führte ihn in das Innere Afrikas zum Bahr-el-Ghazal. Überschattet wurde sein Aufenthalt 1870 durch einen Brand, der große Teile seiner Aufzeichnungen und Sammlungen vernichtete. 1874–1888 lebte er in Ägypten, wo er von der ägyptischen Regierung mit der Leitung von wissenschaftlichen Einrichtungen betraut wurde. In Deutschland verlieh man ihm 1880 als Anerkennung seiner wissenschaftlichen Leistung den Professorentitel.

John H. Speke (links) und James A. Grant

Speke, John Hanning
* 4. Mai 1827 in Jordans (Somerset), † 15. September 1864 in Bath. John Hanning Speke, der Sohn eines Kapitäns zur See, trat mit 17 Jahren in die Indienarmee ein und lernte so den Himalaja und Teile Tibets kennen. Mit R. F. Burton, den er zuvor in Indien getroffen hatte, unternahm er 1854 einen ersten, allerdings gescheiterten Forschungsversuch in Äthiopien. Nach der Teilnahme am Krimkrieg startete Speke gemeinsam mit R. F. Burton eine Expedition zur Entdeckung der Nilquellen. Während dieser Reise trafen sie 1858 auf den Tanganjikasee. Wegen Erkrankung seines Reisepartners setzte Speke seine Reise allein fort. Er entdeckte kurz darauf den Victoriasee und damit die Quellen des Weißen Nils. Sein ehemaliger Freund Burton lehnte diese Erkenntnis als falsch ab. Es folgte ein erbitterter Streit zwischen beiden. 1859 wieder in England, plante der Forscher eine erneute Expedition zur Klärung der Streitfragen, die er von 1860 bis 1863 durchführte. Die Herkunft des Weißen Nils aus dem Victoriasee wurde 1862 endgültig bewiesen.

Stanley, Sir Henry Morton
* 28. Januar 1841 in Denbigh (Wales), † 10. Mai in London. Henry Morton Stanleys ursprünglicher Name war John Rowlands. Nach einer Jugend im Armenhaus flüchtete er nach Amerika, wo er den Namen seines väterlichen Freundes annahm. Er kämpfte während des amerikanischen Bürgerkriegs sowohl auf Seiten der Süd- als auch der Nordstaaten. Später wurde er Journalist. Zunächst bereiste er in dieser Funktion Kleinasien, den Nahen Osten und Äthiopien. 1870 wurde Stanley mit der Suche nach dem verschollenen D. Livingstone beauftragt, den er auch 1871 fand. Es folgte eine Vortragsreise in die USA, bevor er 1873 an einer „Strafexpedition" gegen die Ashanti in Westafrika teilnahm. 1874–1877 durchquerte Stanley Afrika von Ost nach West. Von der britischen Kolonialpolitik enttäuscht, stellte er sich 1879 in den Dienst des belgischen Königs und half bei der Etablierung der belgischen Kolonialmacht im Kongo. 1887 führte Stanley seine letzte Expedition zur Auffindung Emin Paschas durch, mit dem er 1889 die Ostküste erreichte. Seine prokolonialistischen Ideen verbreitete er anschließend auf zahlreichen Vortragsreisen durch das britische Commonwealth.

Dorothe Zacharias

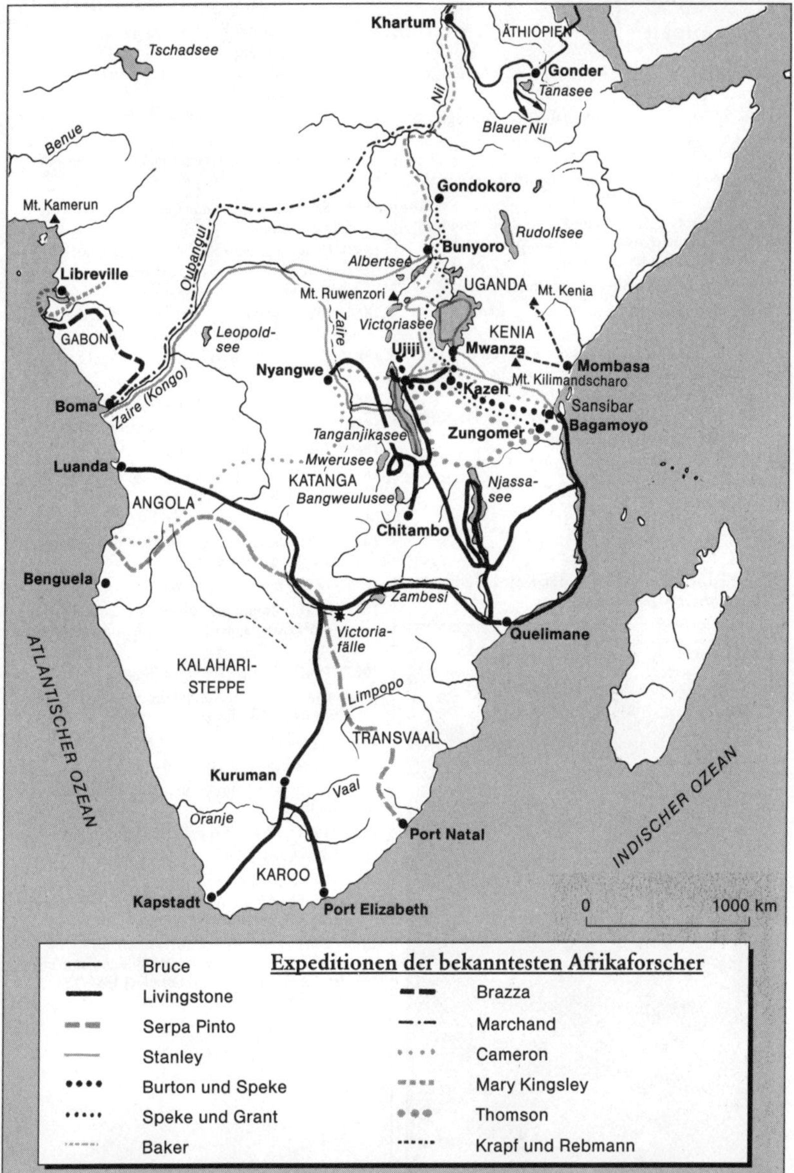
Khartum
ÄTHIOPIEN
Gonder
Tanasee
Blauer Nil
Nil
Tschadsee
Benue
Gondokoro
Mt. Kamerun
Rudolfsee
Bunyoro
Albertsee
Oubangui
Libreville
Mt. Ruwenzori
UGANDA
Mt. Kenia
Zaire
Victoriasee
KENIA
GABON
Leopold-
see
Ujiji
Mwanza
Nyangwe
Mombasa
Mt. Kilimandscharo
Kazeh
Zaire (Kongo)
Sansibar
Boma
Bagamoyo
Zungomer
Tanganjikasee
Mwerusee
Luanda
KATANGA
Njassa-
see
Bangweulusee
ANGOLA
Chitambo
Benguela
Zambesi
Victoria-
fälle
Quelimane
KALAHARI-
STEPPE
Limpopo
TRANSVAAL
ATLANTISCHER OZEAN
Kuruman
Vaal
INDISCHER OZEAN
Oranje
Port Natal
KAROO
Kapstadt
Port Elizabeth
0
1000 km
Expeditionen der bekanntesten Afrikaforscher
Bruce
Livingstone
Serpa Pinto
Stanley
Burton und Speke
Speke und Grant
Baker
Brazza
Marchand
Cameron
Mary Kingsley
Thomson
Krapf und Rebmann

Chronologie

Ausgewählte Daten zur Entdeckung des afrikanischen Kontinents

1416 Prinz Heinrich der Seefahrer von Portugal schickt eine Expedition an die Küste Westafrikas.

1441 Prinz Heinrich erhält zehn Afrikaner von der Guineaküste als Geschenk.

1452 Papst Nikolaus V. gibt Portugal die Vollmacht über die „heidnische Welt" durch ausdrückliche Legitimation der Sklaverei.

1482 Diego Cao landet an der Kongomündung.

1488 Bartolomeo Diaz umsegelt das Kap der Guten Hoffnung.

1518 Karl V. erteilt dem Gouverneur von Bresa das Monopol, jährlich 4000 afrikanische Sklaven nach Westindien zu verschiffen.

1652 Gründung von Kapstadt durch die Holländisch-Ostindische Kompagnie

1788 Gründung der African Association in London

1795 – 1806 Mungo Park reist von Gambia zum Niger.

Das historische Gebäude der Royal Geographical Society in London

1831 Gründung der Royal Geographical Society

1839 – 1853 Forschungsreisen von Krapf und Rebmann; Entdeckung des Mount Kenya und des Kilimandscharo (1848)

1841 Livingstones Ankunft in Afrika

1849 – 1856 Livingstone durchquert Afrika von Luanda/Angola bis nach Quelina/Mosambik.

1855 Livingstone entdeckt die Victoriafälle.

1856 Sansibar erklärt seine Unabhängigkeit vom Sultanat Oman.

1857 – 1858 Auf ihrer Suche nach den Quellzuflüssen des Nils entdecken Burton und Speke den Tanganjikasee und den Victoriasee.

1860 – 1863 Speke und Grant entdecken den Weißen Nil als Quellzufluß des Nils.

1863 Das Ehepaar Baker sucht nach Speke und Grant.

1864 Tod Spekes; Baker entdeckt den Albertsee.

1856 – 1873 Letzte Expeditonsreise Livingstones

1869 Eröffnung des Suezkanals

1871 Stanley entdeckt den Tanganjikasee auf der Suche nach Livingstone.

Mai 1873 Tod Livingstones in Sambia

1874 – 1877 Stanley folgt dem Lauf des Kongos; Entdeckung des Eduardsees.

1875 – 1878 Brazza folgt dem Lauf des Ogowé.

1880 – 1881 Zweite Expedition Brazzas; Gründung von Brazzaville, der Hauptstadt von Französisch-Kongo

1883 – 1885 Dritte Expedition Brazzas

1884 / 1885 Berliner Kongokonferenz, auf der die Europäer Afrika unter sich aufteilen.

1890 Sansibar wird britische Kolonie.

1893 Erste Forschungsreise Mary Kingsleys

1894 Uganda wird unter britisches Protektorat gestellt.

1894 – 1895 Zweite Expedition Mary Kingsleys

1898 Faschoda-Krise

1914 Mit Ausnahme von Äthiopien und Libyen wird ganz Afrika unter europäische Kolonialherrschaft gestellt.

1960 / 1961 Die meisten afrikanischen Kolonien werden unabhängige Staaten in den Grenzen, die die Berliner Kongokonferenz 1884/1885 festgelegt hat.

Glossar

Abolitionismus: Bewegung zur Abschaffung des Sklavenhandels und der Sklaverei, die etwa gleichzeitig in England und den USA in der zweiten Hälfte des 18. Jahrhunderts entstand

Bantu: Weitverbreitete afrikanische Sprachfamilie in Zentral-, Ost- und Südafrika. Neben sprachlicher Verwandtschaft sind den Bantu auch kulturelle und sozio-ökonomische Gemeinsamkeiten eigen, wie z. B. Hackbau, Kleintierhaltung.

Baobab: Affenbrotbaum, vor allem auf Madagaskar und südlich der Sahara verbreitet. Der bis zu 20 m hohe Baum gehört zur Gattung der Wollbaumgewächse und ist typisch für die afrikanische Savanne.

Buganda: Um 1500 gegründetes afrikanisches Reich im zentralen Uganda, nordwestlich des Victoriasees. Während der Herrschaft von Matesa I. (1856–1884) hatte Buganda seine wirtschaftliche und politische Blüte. Das Reich existierte bis 1894. Nach 1962 war Buganda der wichtigste, weitgehend selbständige Bundesstaat Ugandas.

Bunyoro: Das um 1500 entstandene Reich östlich des Albertsees bildete sich aus der Überschichtung Hackbau betreibender Afrikaner durch nordostafrikanische Hirtenstämme. Heute ist es eine Verwaltungseinheit von Uganda.

Buren: Ursprünglich Bezeichnung der holländischen Einwanderer in Südafrika, deren Name auf ihre Haupttätigkeit hinweist: Bauer. Im Verlaufe mehrerer Generationen entstand aus diesen Siedlern, die sich mit Deutschen und französischen Hugenotten vermischten, die Bevölkerung der Buren. In der Vergangenheit gab es mehrfach militärische Konflikte mit den Briten im Streit um die Vorherrschaft in Südafrika. Heute zählen Buren zu den vehementesten Verteidigern der Apartheid.

Dreieckshandel: Bezeichnung für den seit dem 17. Jahrhundert florierenden transatlantischen Sklavenhandel, der den vornehmlich europäischen, aber auch arabischen und afrikanischen Händlern riesige Profite und den Sklaven unermeßliches Leid brachte. Der Sklavenhandel nach Amerika erhielt deshalb diesen Namen, weil er drei Komponenten bzw. Routen des Handels aufwies. Die im Inneren Afrikas geraubten Sklaven wurden von der Küste aus auf speziellen Schiffen nach Amerika zur Arbeit auf den Plantagen transportiert. Von dem Verkaufserlös wurden Zucker, Tabak, Baumwolle u. a. Produkte für Europa erstanden. Dort wurden die amerikanischen Produkte gewinnbringend veräußert. Ein Teil des Profits wurde zum Kauf von billigen Waren, Perlen, Eisengeräten, Textilien, Feuerwaffen u. ä. verwendet, womit von den Sklavenjägern wiederum geraubte Menschen gekauft werden konnten.

Gees: Semitische Sprache im alten Äthiopien

Katanga: An Bodenschätzen reiche Provinz im Südosten des heutigen Zaire

Laterna magica: Lateinisch: „Zauberlaterne", Vorläufer des heutigen Bildwerfers. Der Projektionsapparat diente zur Wiedergabe von Schriften, figürlichen Darstellungen u. a.

Mahdisten: Anhänger des Muhammad Ahmad Ibn Abd Allah, genannt Al Mahdi (1844–1885), der als islamischer Führer im Sudan gegen die ägyptische Regierung kämpfte und einen Glaubenskrieg gegen alle entfachte, die sich ihm nicht anschlossen.

Meroe: Antikes Reich auf dem Territorium des heutigen Sudan

Oranje: Längster Fluß Südafrikas, nach dem der um die Mitte des 19. Jahrhunderts entstandene burische Oranje-Freistaat benannt wurde. Dieser existierte bis zur Annexion durch die Briten 1902; heute ist er eine der vier Provinzen der Republik Südafrika.

Philanthropen: Anhänger einer im späten 18. Jahrhundert entstandenen menschenfreundlichen Reformbewegung, die von den Ideen der Aufklärung beeinflußt war

Polygamie: Griechisch: „Vielehe", eheliche Verbindung eines Mannes oder einer Frau mit mehreren Partnern

Royal Geographical Society: 1830 gegründete angesehenste geographische Gesellschaft von Großbritannien mit Sitz in London. Ihr Ziel bestand und besteht in der Förderung der geographischen Forschung sowie der Verbreitung geographischer Kenntnisse.

Suaheli: (auch: Swahili), Bantusprache, die ursprünglich nur an der Ostküste Afrikas gesprochen wurde. Inzwischen ist sie Amtssprache in Tansania, Uganda und Kenia sowie Verkehrssprache in weiten Teilen Ostafrikas.

Sudd: Ausgedehntes Überflutungsgebiet des Weißen Nils in der heutigen Republik Sudan mit dichtem Bewuchs von Papyrus, Gras und Schilf

Transvaal: In der Mitte des 19. Jahrhunderts entstandene burische Republik nördlich des Vaal-Flusses, nach dem sogenannten Burenkrieg (1899–1902) gemeinsam mit dem Oranje-Freistaat sowie den britischen Kolonien Kapland und Natal im Jahre 1910 zur Südafrikanischen Union zusammengeschlossen. Heute ist Transvaal eine der vier Provinzen der Republik Südafrika.

Wiener Kongreß: Internationaler Kongreß zur Neuordnung Europas 1814/15 nach Beendigung der Napoleonischen Kriege, der auch die völkerrechtliche Grundlage für den Kampf gegen den Sklavenhandel bereitete

Kleine Auswahl der weiterführenden Literatur

Samuel White Baker: Die Nilzuflüsse in Abyssinien, Forschungsreisen vom Aabara zum blauen Nil und Jagden in Wüsten und Wildnissen, Braunschweig 1868.

Heinrich Barth: Reisen und Entdeckungen in Nord- und Zentralafrika, in den Jahren 1849 bis 1855, 5 Bde., Gotha 1857–1858.

Hanno Beck: Große Reisende. Entdecker und Erforscher unserer Welt, München 1971.

Urs Bitterli: Die ‚Wilden' und die ‚Zivilisierten'. Die europäisch-überseeische Begegnung, München 1976.

Urs Bitterli: Alte Welt – neue Welt. Formen des europäisch-überseeischen Kulturkontaktes vom 15. bis 18. Jahrhundert, München 1986.

Verney Lovett Cameron: Quer durch Afrika, 2 Bde., Leipzig 1877.

Fritz Embacher: Lexikon der Reisen und Entdeckungen, Leipzig 1882.

Cornelia Essner: Deutsche Afrikareisende im neunzehnten Jahrhundert. Zur Sozialgeschichte des Reisens, Stuttgart 1985.

Urs Faes: Heidentum und Aberglaube der Schwarzafrikaner in der Beurteilung durch deutsche Reisende des 17. Jahrhunderts, Zürich 1981.

Kurt Hassert: Die Erforschung Afrikas, Leipzig 1941.

Alexander Henn: Reisen in die vergangene Gegenwart. Geschichte und Geschichtlichkeit der Nichteuropäer im Denken des 19. Jahrhunderts: Die Erforschung des Sudan, Berlin 1988.

Dietmar Henze: Enzyklopädie der Entdecker und Erforscher der Erde, Graz 1975 ff.

Uwe Hoering, Christa Wichterich: Kein Zustand dauert ewig. Afrika in den neunziger Jahren, Göttingen 1993.

Emil Holub: Sieben Jahre in Süd-Afrika. Erlebnisse, Forschungen und Jagden auf meiner Reise von den Diamantenfeldern zum Zambesi (1872–1879), 2 Bde., Wien 1881.

Janheinz Jahn: Wir nannten sie Wilde. Abenteuer in alten und neuen Reisebeschreibungen, München 1964.

Mary Kingsley: Travels in West-Afrika. Congo Français, Conisco and Cameroons, London 1897. Nachdruck: London 1965.

Walter Krämer: Die Entdeckung und Erforschung der Erde. Mit einem ABC der Entdecker und Forscher, Leipzig 1976.

Boris Jl'ic Krasnobaev, Gerd Robel, Herbert Zemann: Reisen und Reisebeschreibungen im 18. und 19. Jahrhundert als Quellen der Kulturbeziehungsforschung, Berlin 1980.

Heinrich Loth: Reise nach Nigritien. Bilder afrikanischer Vergangenheit, Leipzig 1986.

Heinrich Loth: Audienzen auf dem schwarzen Kontinent. Afrika in der Reiseliteratur des 18. und 19. Jahrhunderts, Berlin 1988.

Heinrich Loth (Hrsg.): Afrikanische Heilkunst. Europäische Reiseberichte des 15. bis 19. Jahrhunderts, Leipzig 1984.

Antoni Maczak, Hans Jürgen Teuteberg (Hrsg.): Reiseberichte als Quellen europäischer Kulturgeschichte, Wolfenbüttel 1982.

Christoph Marx: „Völker ohne Schrift und Geschichte". Zur historischen Erfassung des vorkolonialen Schwarzafrika in der deutschen Forschung des 19. und frühen 20. Jahrhunderts, Stuttgart 1988.

Geo T. Mary: Im schwarzen Erdteil. Die faszinierende Geschichte der Erforschung Afrikas, Tübingen 1978.

Mungo Park: Reisen im Innern von Afrika auf Veranstaltung der afrikanischen Gesellschaft in den Jahren 1795–1797 unternommen, Berlin 1799.

Emin Pascha: Die Tagebücher von Dr. Emin Pascha. Hrsg. v. Franz Stuhlmann, 5 Bde., Hamburg 1916–1927.

Philipp Paulitschke: Die geographische Erforschung des afrikanischen Continents, von den ältesten Zeiten bis auf unsere Zeiten. Ein Beitrag zur Geschichte der Erdkunde, 2. Auflage, Wien 1880.

Oscar Peschel: Geschichte des Zeitalters der Entdeckungen, Meersburg/Leipzig 1930.

Heinrich Pleticha (Hrsg.): Entdeckungsgeschichte aus erster Hand, Würzburg 1980.

Erich Rackwitz: Fremde Pfade – ferne Gestade. Wagnis und Abenteuer der großen Entdeckungen, Leipzig / Jena / Berlin 1986.

Gerhard Rohlfs: Beiträge zur Entdeckung und Erforschung Afrikas. Berichte aus den Jahren 1870–1875, Leipzig 1876.

Mariela dos Santos Lopes: Afrika. Eine neue Welt in deutschen Schriften des 16. und 17. Jahrhunderts, Stuttgart 1992.

Heinrich Schiffers: Wilder Erdteil Afrika. Das Abenteuer der großen Forschungsreisen, Bonn 1954.

Heinrich Schiffers: Afrika als die Weißen kamen. Bilder und Dokumente der Augenzeugen, Düsseldorf 1967.

John Hanning Speke: Die Entdeckung der Nilquellen, Leipzig 1864.

Martin Steins: Das Bild des Schwarzen in der europäischen Kolonialliteratur 1870–1918, Frankfurt/M. 1972.

William E. Stewart: Die Reisebeschreibungen und ihre Theorie im Deutschland des 18. Jahrhunderts, Bonn 1978.

C. Streudel (Hrsg.): Historische und philosophische Skizze der Entdeckungen und Niederlassungen der

Europäer in Nord- und Westafrika am Ende des 18. Jahrhunderts, Bremen 1802.

Thomas Theye: Wir und die Wilden. Einblicke in eine kannibalische Beziehung, Reinbek 1985.

Wilhelm Treue: Die Eroberung der Erde. Auf den Spuren der großen Entdecker, Berlin 1939.

Matthias Wilke: Wagemut und Forscherdrang. Große Entdecker berichten, Leipzig 1978.

Verwendete Literatur

O. Kersten (Hrsg.): Baron Carl Claus von der Deckens: Reisen in Ost-Afrika in den Jahren 1859 - 1865.

D. Livingstone: Die Erschließung des dunklen Erdteils. Reisebücher aus Zentral-Afrika (1866 - 1877).

J. Rebmann. Zit. n.: J. L. Krapf, Reisen in Ostafrika ausgeführt in den Jahren 1837 - 1855.

G. Nachtigal: Sahara und Sudan (1879 - 1889).

S. W. Baker: Der Albert Nyanza, das große Becken des Nils und die Erforschung der Nilquellen (1867).

E. Holub: Von Capstadt ins Land der Maschukulumbe. Reisen im südlichen Afrika in den Jahren 1883 - 1887.

D. Livingstone: Letzte Reise von David Livingstone in Centralafrika von 1865 bis zu seinem Tode 1873.

D. Livingstone an Lord Granville. Zit. n.: H. M. Stanley: Wie ich Livingstone fand (1872).

Walter Michler: Weißbuch Afrika. © 1993 by Verlag J. H. W. Dietz Nachf., Bonn.

Auszug aus Küppers Wörterbuch der deutschen Umgangssprache Band V und VI. Hamburg/Düsseldorf 1967 und 1970. Zit. in: Regina und Gerd Riepe, Du schwarz - ich weiß. Bilder und Texte gegen den alltäglichen Rassismus. Peter Hammer Verlag, Wuppertal 1992.

R. und G. Riepe: Du schwarz - ich weiß. Ebd.

Kindergedicht um 1910. Zit. n.: Walter. Michler: Weißbuch Afrika, a.a.O.

R. Tetzlaff: Die „afrikanische Krise": auch Chancen für mehr Realismus und Demokratie; aus: Demokratisierung von Herrschaft und gesellschaftlicher Wandel in Afrika. Friedrich-Ebert-Stiftung, Bonn. © beim Autor.

Al Imfeld: Zur Weltliteratur gehört auch Afrika. Zit. n.: K. Ludwig (Hrsg.): Lebenslieder - Todesklagen. © beim Autor.

Bukano Urewaga: Der Sprung; aus: Jochen R. Klikker (Hrsg.), Afrika in eigener Sache. © Peter Hammer Verlag, Wuppertal 1980.

Ama Ata Aidoo: Alles zählt; aus: Rüdiger Jestel (Hrsg.), Der Neger vom Dienst. Afrikanische Erzählungen. © Suhrkamp Verlag, Frankfurt am Main 1980.

Bildnachweis

Umschlag
Vorderseite: The Nile. Photo von Kazuyoshi Nomachi (1989) © Focus, Hamburg.
Rückseite: Der Aufbruch M'roolis zum See. Aquarell von Samuel Baker. London, Royal Geographical Society.

Bildvorspann
1 Die Victoriafälle. Farbige Aquatinta; aus: Thomas Baines, „The Victoria Falls", 1865. Photo: Editions Gallimard, Paris.
2 - 9 Die Victoriafälle. Ebd.
10 - 11 Die Forschungsreisenden an den Victoriafällen. Ebd.
13 Häuptling Commoro vom Stamm der Latookas. Aquarell von Samuel Baker. London, Royal Geographical Society.

Erstes Kapitel
14 Frontispiz des Kapitels „Afrika"; aus: Grasset Saint-Sauveur, „Encyclopédie", 1796. Paris, Bibliothèque du Musée des Arts Décoratifs. Photo: Dagli Orti, Paris.
15 Ein Entdeckungsreisender. Holzstatuette von der Elfenbeinküste. Photo: Hoa-Qui.
16 (unten links) Der Reisende Ibn Battuta. Stich von L. Bennett, 19. Jahrhundert. Photo: Roger-Viollet, Paris.
16 (unten rechts) Mangroven am Kongodelta. Aquarell von Reverend G. H. Swinney, 1880. London, United Society for the Propagation of the Gospel.
17 (oben) Karawane in der Sahara; aus: J. Blaeu, „Cartographie", 1686. Rotterdam, Schiffahrtsmuseum. Photo: Dagli Orti, Paris.
18 (oben) Die Ankunft der englischen Kolonisatoren am Kap im Jahre 1820. Stich nach einem Gemälde von Thomas Baines; aus: John Noble, „History, productions and resources of the Cape of Good Hope". Photo: Edimedia. 1886.
18 - 19 Katalanische Weltkarte aus dem 15. Jahrhundert. Modena, Biblioteca Estense. Photo: Scala.
19 (oben) Porträt von Joseph Banks (1743 - 1820), Gründer der African Association. Gemälde von James Sharples. City of Bristol Museum and Art Gallery. Photo: Bridgeman.
19 (unten) Sklaven in Ostafrika. Zeichnung von David Livingstone. Photo: Tapabor-Kharbine.
20 (oben) Petition zur Abschaffung der Sklaverei; aus: Amelia Opie, „The Black Man's Lament", London, 1826. New York, Schomburg Center. Photo: Edimedia.
20 (unten) Angeketteter schwarzer Sklave. Stich als Propaganda gegen die Sklaverei, 19. Jahrhundert.
21 Zusammenkunft von Gegnern der Sklaverei im Jahre 1840. Gemälde von B. R. Haydon. London, National Portrait Gallery.
22 - 23 (oben) Angehörige des Stammes der Shoa in Äthiopien; aus: Lewis Krapf, „Travels in Eastern Africa", 1869. Paris, Société de Géographie. Photo: Edimedia.

23 (unten) D. Livingstone predigt im südlichen Afrika. Stich, 1877. Photo: Roger-Viollet, Paris.
24–25 Mission in Mbweni, Sansibar. Aquarell, 1880. London, U. S. P. G.
26–27 Inneres des Hauses des Missionsbischofs Weston auf Sansibar. Aquarell, 1908. Ebd.
28 (oben) Mount Kenya und Kilimandscharo; aus: Lewis Krapf, „Travels in Eastern Africa", 1869. Paris, Société de Géographie. Photo: Edimedia.
29 (oben) Goldklumpen in der Form Afrikas (Gewicht: 470 Gramm) aus dem Kongo. Photo: Hoa-Qui.
29 (unten) Das Auswaschen goldhaltigen Sandes in Afrika. Kolorierter Stich, 1820. Paris, Bibliothèque du Musée des Arts Décoratifs. Photo: Dagli Orti, Paris.
30 (oben) Der Hafen Londons. Gemälde von Thomas Allom (1804–1872). Photo: Bridgeman.
30 (unten) Elfenbeintransport; aus: „Nos colonies pittoresques" für die Société Nancéenne d'Alimentation, 19. Jahrhundert. Photo: Tapabor-Kharbine.
31 (oben) Pierre Graf Savorgnan de Brazza im Kongo; aus: „Le Petit Journal" vom 19. März 1905. Photo: Tapabor-de Selva.
31 (unten) Photoporträt des Colonels Marchand (1863–1934). Photo: Roger-Viollet, Paris.
32 (unten) Der Entdeckungsreisende Serpa Pinto im Jahre 1877, wie er von Löwen angegriffen wird, aus: „Le Petit Journal" vom 7. August 1881. Photo: Ebd.
33 Begräbnistanz der Latooka. Aquarell von Samuel Baker. London, Royal Geographical Society.
34 (links) Photoporträt Sir Richard Burtons. Twickenham, Orleans House Gallery.
34 (Mitte) Büro Sir Richard Burtons in Triest. Gemälde von Albert Letchford. Ebd.
35 (rechts) Photoporträt Henry Morton Stanleys. London, Royal Geographical Society.
35 (Mitte) Üppig wuchernde Gewächse am Mount Ruwenzori in Zaire. Photo: Hoa-Qui.
36 (oben) Landkarte der Region von Ujiji von John Hanning Speke, 1858. London, Royal Geographical Society.
36 (unten) Karte der Victoriafälle von D. Livingstone, 1850. London, British Library. Photo: Bridgeman.
37 Karte des Shirwasees von D. Livingstone. London, Royal Geographical Society. Photo: Ebd.
38 (oben) Porträt Roderick Murchinsons. Präsident der Royal Geographical Society, London. Gemälde von F. Beadell, 19. Jahrhundert. Ebd.
38 (unten) Porträt Königin Victorias und ihrer Kinder. Gemälde von J. C. Horsley. New York, Forbes Magazine Collection. Photo: Ebd.
39 Die Murchinsonfälle an den Quellen des Nils. Gemälde von Grandsire nach S. Baker; aus: „Le Tour du Monde", 1867. Photo: Editions Gallimard, Paris.

Zweites Kapitel
40 Porträt John Hanning Spekes. Gemälde von J. W. Wilson, 1871. London, Royal Geographical Society. Photo: Bridgeman.
41 Süßwassermuscheln aus dem Nil, aus: Frédéric Cailliaud, „Voyage à Méroé", 1826–1827. Atlas Band I. Paris, Bibliothèque nationale.
42 (oben) Die Nilkatarakte, aus: Frédéric Cailliaud, „Voyage à Méroé". Ebd.
43 (oben) Ptolemäus in der Bibliothek von Alexandria; aus: „Geographicum libri", 15. Jahrhundert. Venedig, Markusbibliothek. Photo: Dagli Orti, Paris.
42–43 (unten) Kosmographie Afrikas von Ptolemäus, 1513. Paris, Bibliothèque nationale.
44 (oben) Honigesser-Vogel; aus: James Bruce, „Voyage en Abyssinie", 1795. Ebd. Photo: Dagli Orti, Paris.
44 (unten) Der Fluß Hawash-Lith; aus: Bernatz, „Scenes in Ethiopia", London 1852. New York, Schomburg Center. Photo: Edimedia.
45 (oben) Kol Quall, Nashorn und Malkuffa; aus: James Bruce, „Voyage en Abyssinie". Ebd. Photo: Bibliothèque nationale, Paris.
45 (unten) Porträt James Bruces. Gemälde von Pompeio Batoni. National Galleries of Scotland.
46 (unten) Ansicht der Nilkatarakte; aus: Frédéric Cailliaud, „Voyage à Méroé". A.a.O.
46 (rechts) Einwohner aus dem oberen Nubien in ihren traditionellen Kostümen; aus: Frédéric Cailliaud, „Voyage à Méroé". A.a.O. Photo: Dagli Orti, Paris.
47 (oben) Der Suezkanal. Stich, 19. Jahrhundert. Turin, Graphisches Kabinett. Photo: Explorer archives.
47 (links) Nubische Frau im traditionellen Kostüm; aus: Frédéric Cailliaud, „Voyage à Méroé". A.a.O. Photo: Dagli Orti, Paris
48 (oben) Sitz der Royal Geographical Society in London. Zeichnung von Whymper. London, Royal Geographical Society.
48 (rechts) Photoportät J. H. Spekes. Ebd.
49 Ansicht von Sansibar; aus: Richard Burton, „Lake regions of central Africa", 1860. Photo: Edimedia.
50 Porträt Sir Richard Burtons während seiner Reise nach Mekka. Anonymes Gemälde. Twickenham, Orleans House Gallery.
51 (oben) Die Stadt Harhare; aus: Richard Burton, „East Africa explorations of Harar", 1856. Photo: Ebd.
51 (rechts) Photoporträt Sir Richard Burtons im Alter. Twickenham, Orleans House Gallery. Photo: Edimedia.
51 (unten) Inneres des Hauses von Sir Richard Burton in Triest. Photo: Orleans House Gallery, Twickenham.
52 (oben) Die Route von Sansibar nach Fuga. Karte von Sir R. Burton und J. H. Speke, 1857. London, Royal Geographical Society.
53 (oben links) Der Njassa-(Malawi-) und der Tanganjikasee. Karte von J. H. Speke, 1858. Ebd. Photo: Royal Geographical Society.
53 (rechts) Alltagsgegenstände der Ostafrikaner; aus: J. H. Speke, „Journal of the discovery of the source of the Nile", London, 1863. Paris, Bibliothèque nationale.
53 (unten) „Entdeckungsreisende in Afrika". Illustration aus: Richard Burton, „Lake regions of central Africa". A.a.O.

54 Das Gebiet von Tungomero. Aquarell von J. H. Speke. London, Royal Geographical Society. Photo: Bridgeman.
55 (oben) König Mutesa. Zeichnung von Godefroy Durand nach J. H. Speke; aus: „Le Tour du Monde", erstes Halbjahr 1864. Editions Gallimard, Paris.
55 (unten) Aufbruch der Karawane von J. H. Speke und J. A. Grant. Zeichnung von Emile Bayard; aus: „Le Tour du Monde". Ebd. Photo: Tapabor-Kharbine.
56 (oben) Die Riponfälle. Zeichnung von Bar aus: „Le Tour du Monde". Photo: Editions Gallimard, Paris.
57 (oben) Das Zusammentreffen von Speke und Grant mit den Bakers am Gondokoro. Kolorierter Stich von 1880. Photo: Ebd.
56–57 (unten) Empfang von J. H. Speke und J. A. Grant vor der Royal Geographical Society in London; aus: „The Illustrated London News" vom 4. Juli 1863. Photo: Ebd. 4. Juli 1863.
58–59 Florence und Samuel Baker in Shoa. Aquarell von S. Baker. London, Royal Geographical Society.
60–61 Krieger und Hirten aus dem Gebiet von Shire am Weißen Nil. Aquarell von S. Baker. Ebd.
62 (oben) Photoporträt Florence Bakers. Sammlung Erica Graham, OBE. Photo: Editions Gallimard, Paris.
63 (oben) Kriegstanz der Obo. Aquarell von S. Baker. London, Royal Geographical Society.
62–63 (unten) „Baker erkennt Speke wieder und bezeichnet ihn vor den Gesandten von Kamrasi als Bruder." Zeichnung von Neuville; aus: „Le Tour du Monde", erstes Halbjahr 1864. Photo: Editions Gallimard, Paris. 1867.
64–65 Boote auf dem Njassa-(Malawi-)see. Aquarell von S. Baker. London, Royal Geographical Society.
65 (oben) Die Berge des Ruwenzori und der Albert- und Edwardsee aus der Vogelperspektive; aus: Henry Morton Stanley, „Darkest Africa", London 1890. Paris, Bibliothèque nationale.

Drittes Kapitel
66 Einband eines Buches, das D. Livingstone gewidmet ist. Photo: Mansel Collection.
67 Unterschrift David Livingstones. Photo: Roger-Viollet, Paris.
68 (oben) Porträt David Livingstones im Alter von 27 Jahren, zur Zeit seiner Ankunft am Kap. Anonymes Gemälde. London, Privatsammlung. Photo: Bridgeman.
68–69 (unten) Die Kapregion in der Gegend der Tafelbucht; aus: W. Burchell, „Travels in Southern Africa", London, 1822. Photo: Editions Gallimard, Paris.
69 Blantyre, der Geburtsort und die Manufaktur, in der D. Livingstone als Kind arbeitete. Schottischer Stich, 19. Jahrhundert. Photo: Ebd.
70 (unten) Porträt Joseph Thomsons. Gemälde von Arthur Hacker. Cambridge, Cavendish Laboratory. Photo: Bridgeman.
71 D. Livingstone und seine Familie erreichen den Ngamisee. Illustration, 19. Jahrhundert. London. Photo: Explorer archives.
72 Das Boot, mit dem D. Livingstone den Sambesi befuhr. Aquarell von Thomas Baines. London, Royal Geographical Society. Photo: Bridgeman.
73 (oben) Fragment einer Seite aus dem Tagebuch D. Livingstones; aus: „Le Tour du Monde", zweites Halbjahr 1875. Photo: Editions Gallimard, Paris.
73 (Mitte) Der Sextant D. Livingstones. London, Royal Geographical Society.
74–75 Die Victoriafälle. Farbige Aquatinta von Thomas Baines, aus: „The Victoria Falls", 1865. Photo: Editions Gallimard, Paris.
76 (oben) Porträt David Livingstones. Gemälde von Charles Need, 19. Jahrhundert. London, Royal Geographical Society. Photo: Bridgeman.
76 (unten) Die Expedition Livingstones durchquert die Sümpfe. Zeichnung von Emile Bayard; aus: „Le Tour du Monde", zweites Halbjahr 1875. Photo: Editions Gallimard, Paris. 1875.
77 Karte des Sambesiflusses mit der Expeditionsroute Livingstones. London, Royal Geographical Society. Photo: Bridgeman.
78 (oben) Das Bett des Sambesiflusses. Aquarell von Thomas Baines. Ebd. Photo: E. T. archive.
79 Angekettete Sklaven. Illustration zum Bericht über die Reisen D. Livingstones, 19. Jahrhundert. Photo: Dagli Orti, Paris.
80 (oben) Grab Mary Livingstones in Shoupanga House; aus: „Le Tour du Monde", erstes Halbjahr 1866. Photo: Editions Gallimard, Paris.
80 (unten) Photoporträt Mary Livingstones. Glasgow, T. und R. Annan.
81 Elefant am Shirefluß. Gemälde von Thomas Baines, 1859. London, Royal Geographical Society. Photo: E. T. archive.
82 (oben) Das Treffen D. Livingstones und Henry Morton Stanleys. Kolorierter Stich, 19. Jahrhundert. London. Photo: Explorer archives.
82 (unten) Porträt Henry Morton Stanleys. Stich nach einem Photo. Photo: Ebd.
83 Karawane Stanleys. Zeichnung von Meyer. Photo: Roger-Viollet, Paris.
84 Stanley und Livingstone erkunden gemeinsam den Ruzizi; aus: H. M. Stanley, „How I found Livingstone", London 1872. Paris, Bibliothèque nationale. Photo: Editions Gallimard, Paris.
85 (oben) Die letzte Seite von Livingstones Tagebuch; aus: „La Tour du Monde", zweites Halbjahr 1875. Photo: Ebd.
85 (unten) „Im Wasser". Livingstone und seine Träger; aus: „Le Tour du Monde", zweites Halbjahr 1875. Photo: Ebd.
86 (unten) Livingstones Tod in Chitambo (Sambia). Zeichnung von Riou; aus: „Le Tour du Monde", zweites Halbjahr 1875. Photo: Ebd.
87 (oben) Livingstone wird von einem Löwen angegriffen. Populäres Phantasiebild, 19. Jahrhundert. Photo: Mansell Collection.

87 (unten) Jacob Wainwright wacht über die Sachen Livingstones in Aden; aus: H. M. Stanley, „How I found Livingstone", London, 1872. Paris, Bibliothèque nationale. Photo: Ebd.

Viertes Kapitel
88 Das englisch-französische Abkommen. Lord Salisbury und Paul Cambon. Stich; aus: „Petit Journal" vom April 1899. Photo: Dagli Orti, Paris.
89 Im afrikanischen Urwald. Aquarell, 19. Jahrhundert. Paris, Musée des Arts Africains et Océaniens. Photo: Ebd.
90 Ansicht von Sansibar; aus: Kerften, „Reisen in Ostafrika", 1869. Paris, Société de Géographie. Photo: Editions Gallimard, Paris.
91 (oben) Verney Lovett Cameron überquert den Lovoi am 15. Juli 1875; aus: „L'Illustration", April 1876. Photo: Ebd.
91 (unten) Photoporträt Verney Lovett Camerons. Photo: Roger-Viollet, Paris.
92 Der Sambesifluß abwärts der Fälle. Aquarell, 1910. London, U.S.P.G.
93 (oben) Photoporträt Tippu-Tips; aus: H. M. Stanley, „Darkest Africa", London 1890. Paris, Bibliothèque nationale.
93 (unten) Sklavenhändler in Kordofan. Zeichnung von Frédéric Laguillermie; aus: „Le Tour du Monde", zweites Halbjahr 1874. Photo: Editions Gallimard, Paris.
94 Jugendporträt H. M. Stanleys. Stich; aus: „Le Journal Illustré" vom 8. Oktober 1882. Photo: Roger-Viollet, Paris.
95 (Mitte) Unterschrift H. M. Stanleys. Photo: Ebd.
95 (Mitte) Die Mitglieder der Gruppe Stanleys in Sansibar; aus: H. M. Stanley, „Through the Dark Continent", Band I, London, 1878. Paris, Bibliothèque nationale. Photo: Ebd.
95 (unten) Das Tragen des Kanus „Lady Alice". Zeichnung von Emile Bayard. Photo: Ebd.
96 (oben) Photoporträt Jephsons, des Gefährten Stanleys. Erica Graham, OBE.
96 (unten) Abfahrt der „Lady Alice"; aus: H. M. Stanley, „Through the Dark Continent". A.a.O. Photo: Tapabor-Kharbine.
97 Der Tod Frank Pococks in den Stromschnellen. Zeichnung von Emile Bayard, 1878. Photo: Roger-Viollet, Paris.
98 Karikatur des belgischen Königs Leopold II. von Vuillemot in „L'Asiette au beurre" vom 13. Juli 1908. Photo: Edimedia.
99 (oben) Reklame für Liebig-Fleischextrakt. Der Belgische Kongo. Chromolithographie von 1900. Privatsammlung. Photo: Ebd.
99 (unten) Letzte Aufnahme der Expedition von Emin Pascha am Dukifluß, 17. August 1890; aus: Dr. Franz Stuhlmann, „Mit Emin Pascha ins Herz von Afrika". Photo: Bibliothèque nationale, Paris.
100–101 Leopoldville im Jahre 1888. Gemälde von Frans Hens. Tervuren, Königliches Museum Zentralafrikas.
102 (oben) H. M. Stanley und seine Frau in Eugadia. London, Royal Geographical Society.
102 (unten) Porträt Pierre Savorgnan de Brazzas. Gemälde von Henry James Thaddeus von 1886. Paris, Musée des Arts Africains et Océaniens. Photo: Dagli Orti, Paris.
103 Gorillajagd; aus: Paul du Chaillu, „L'Afrique occidentale, nouvelles aventures de chasse et de voyages chez les sauvages", Paris, 1875. Paris, Bibliothèque nationale.
104 Jules Ferry empfängt die Delegierten der Kolonien im November 1892. Gemälde von F. Regamey. Paris, Musée des Arts Africains et Océaniens. Photo: Dagli Orti, Paris.
105 (oben) Photoporträt Mary Kingsleys in Trauerkleidung nach dem Tod ihrer Eltern. London, Royal Geographical Society.
105 (unten) Reliquienstatuette aus Gabun. Schweiz, Musée de Neuchatel. Photo: Hoa-Qui.
106 Von Mary Kingsley entdeckte Fische. Abbildung, aus: „Travels in West Africa", London, 1897. Paris, Bibliothèque nationale.
107 (oben) Ein Häuptling der Fang und seine Familie. Photographie von Mary Kingsley; aus: „Travels in West Africa". Ebd.
107 (unten) Kopf eines jungen Fang-Mädchens. Holzstatuette. Paris, Musée des Arts Africains et Océaniens. Photo: Hoa-Qui.

Fünftes Kapitel
108 Die Expedition Leutnant Louis Alexandre Antoine Mizons in den oberen Kongo. Stich aus: „Le Petit Journal", Juli 1892. Photo: Dagli Orti, Paris.
109 Arabischer Paß Sir Richard Burtons. Tickenham, Orleans House Gallery.
110 (oben) Die Mission Kiungani auf Sansibar. Aquarell. London, U.S.P.G.
111 (oben) „Eine Art, in Afrika zu reisen"; aus: W. Hutton, „A voyage to Africa", 1821. London, British Museum. Photo: E. T. archive.
110–111 (unten) Der Zug der Sklaven auf Sansibar. Zeichnung von Emile Bayard, 19. Jahrhundert. Paris, Bibliothèque du Musée des Arts Décoratifs. Photo: Tapabor-de Selva.
112 (oben) Photoporträt des lesenden Sir Richard Burton. Twickenham, Orleans House Gallery.
112 (unten) Photoporträt Samuel Bakers. Erica Graham, OBE.
113 (oben) Degen, Scheiden und Pistolen Sir Richard Burtons. Twickenham, Orleans House Gallery.
113 (unten) Stiefel und Fes Sir Richard Burtons. Ebd. Photo: E. T. archive.
114 Ein Teilstück des zerlegten Schiffes „Faidherbe" der Expedition Jean-Baptiste Marchands; aus: „Le Petit Journal" vom 28. Mai 1899. Photo: Tapabor-Kharbine.
115 (oben) Die Regent Street in London. Sitz der Royal Geographical Society. Stich, 19. Jahrhundert. London, Royal Geographical Society.
115 (unten) Das Kanonenboot, das Pierre Graf Savorgnan de Brazza für seine Afrikaexpedition zur

Verfügung gestellt wurde. Stich, 19. Jahrhundert. Photo: Roger-Viollet, Paris.
116 Die Expeditionstruppe J.-B. Marchands im Urwald; aus: „Le Petit Journal" vom 28. Mai 1899. Photo: Ebd.
116–117 Mouna-Sera und Ouledi. Zwei Träger der Expeditionstruppe H. M. Stanleys. Zeichnung von Rixens. Photo: Ebd.
117 (Mitte) Die Expeditionstruppe General J.-B. Marchands in Loango. Photopostkarte. Photo: Explorer archives.
118 H. M. Stanley und seine Truppe. Stich, 19. Jahrhundert. Photo: Roger-Viollet, Paris.
119 (oben) Zeltlager im Wald; aus: H. Barth, „Travels and discoveries in Africa", 1852. Photo: Dagli Orti, Paris.
119 (unten) Halsband aus Menschenknochen. Orleans House Gallery. Photo: E. T. archive.
120–121 Der General Jean-Baptiste Marchand. Bilderbogen aus der Zeit der Krise von Faschoda, 1888. Paris, Bibliothèque nationale. Photo: Jean-Loup Charmet.
122 Die „Getreuen" von J. H. Speke und J. A. Grant; aus: „Le Tour du Monde". Photo: Tapabor-Kharbine.
123 (oben) Chuma und Susi. Zwei Gefährten D. Livingstones. Photo: Bibliothèque nationale, Paris.
123 (unten) Moobarick Bombay, der begleitende Führer J. H. Spekes und Sir R. Burtons. London, Royal Geographical Society.
124 (oben) Tsetsefliege, die Überträgerin der Schlafkrankheit. Illustration; aus: David Livingstone, „Missionary Travels and Researches in South Africa", London. Photo: Editions Gallimard, Paris. 1857.
125 H. M. Stanley zielt auf einen Träger; aus: H. M. Stanley, „How I found Livingstone", London, 1872. Paris, Bibliothèque nationale. Photo: Ebd.
124–125 (unten) Derby mit einer Antilope. Farbige Aquatinta, aus: W. C. Harris, „Wild Sports in Africa", London. Photo: Ebd.
126 Porträt des marokkanischen Königs; aus: „L'Illustration", November 1884. Photo: Tapabor-Kharbine.
127 Kreuzfahrt auf dem Nil; aus: „Le Voyage en Egypte", 1901. Paris, Bibliothèque du Musée des Arts Décoratifs. Photo: Dagli Orti, Paris.
128 Das Festlegen der Grenzen des Kongo; aus: „Le Petit Journal", November 1913. Photo: Jean-Loup Charmet.

Zeugnisse und Dokumente

129 Die legendäre Begegnung von H. M. Stanley und D. Livingstone am Tanganjikasee 1871. Kupferstich von Smeeton-Tilly. Photo: Roger-Viollet, Paris.
130 Der Makatasumpf. Kupferstich; aus: H. M. Stanley, Wie ich Livingstone fand. Leipzig 1879.
132 (links) Reise mit der Tragstange. Kupferstich aus: Bilder-Tafeln zur Länder- und Völkerkunde mit besonderer Berücksichtigung der evangelischen Missionsarbeit. Verlag der Vereinsbuchhandlung o. O. 1883.
132 (rechts) Reise auf der Filanzana. Ebd.
135 H. M. Stanleys Fahrt über die Stromschnellen des Nils. Kupferstich aus: Richard Oberländer, Livingstones Nachfolger. Afrika von Osten nach Westen quer durchwandert von Stanley und Cameron. Otto Spanner Verlag, Leipzig 1879.
136 D. Livingstone verteilt Medizin an die afrikanischen Träger; aus: H. M. Stanley, Wie ich Livingstone fand a. a. O.
139 Das erste Dampfboot auf dem Niger. Kupferstich; aus: Bilder-Tafeln a. a. O.
141 Gespräch mit dem Stammeshäuptling am mittleren Kongo. Kupferstich von Gleerup; aus: Alwin Oppel/Arnold Ludwig: Ferdinand Hirts Geographische Bildertafeln. Eine Ergänzung zu den Lehrbüchern der Geographie. Königliche Universitäts- und Verlagsbuchhandlung, Breslau 1888.
143 Meuterei am Gombé-Fluß. Kupferstich; aus: H. M. Stanley, Wie ich Livingstone fand, a. a. O.
145 Lagernde Sklaven-Karawane an der ostafrikanischen Küste. Kupferstich; aus: Bildertafeln zur Länder- und Völkerkunde, a. a. O.
146 Plakat eines Sklavenhändlers aus Kentucky; aus: Regina und Gerd Riepe, Du schwarz – ich weiß. Bilder und Texte gegen den alltäglichen Rassismus. © Peter Hammer Verlag, Wuppertal 1992.
149 Faksimile der letzten Aufzeichnungen D. Livingstones; aus: Herbert Wotte, D. Livingstone. © 1973 by Falken Verlag GmbH, Niederhausen.
151 Graffiti auf einem Altglascontainer; aus: Regina und Gerd Riepe, Du schwarz – ich weiß, a. a. O.
153 Karikatur; aus: Regina und Gerd Riepe, Du schwarz – ich weiß, a. a. O.
159 „Schwarzer Peter"-Kartenspiel; aus: Regina und Gerd Riepe, Du schwarz – ich weiß, a. a. O.
160 Johannesburg heute. Photo: Ursula Höhn, Ravensburg.
163 Malaria-Prophylaxe in Tansania. Photo: Friederike Wappler, Essen.
164 Autoreifen als Spielzeug auf Sansibar. Photo: Ebd.
165 Schulkinder auf Sansibar. Photo: Ebd.
166 Küste von Sansibar. Photo: Ebd.
168 Marktszene in Nongoma. Photo: Ursula Höhn, Ravensburg.
171 Afrikanische Frau mit Bündel auf dem Kopf in Transkei. Photo: Ebd.
173 (oben) Porträt von P. Savorgnan de Brazza, aufgenommen von Jean Alexandre Coraboeuf, 902. Photo: Roger-Viollet, Paris.
173 (unten) Porträt von Heinrich Barth. Kupferstich; aus: Heinrich Barth, Reisen und Entdeckungen in Nord- und Central-Afrika in den Jahren 1849 bis 1855, Band 1. Gotha 1859.
174 Die beiden Hauptdarsteller des Films „Zu den Quellen des Nils" von Bob Rafelson. Photo: Cahiers du Cinéma, Paris.
175 Porträt von V. L. Cameron. Kupferstich von Meyer, 1877. Photo: Roger-Viollet, Paris.
176 D. Livingstone mit seiner Tochter. Photo: T. und R. Annan, Glasgow.

178 J. H. Speke und J. A. Grant. Kupferstich; aus: Journal of the Sources of the Nile, London 1863. Photo: Dagli-Orti, Paris.
179 Landkarte Afrikas mit den Expeditionsstrecken bedeutender Afrikafoscher. Photo: Gallimard, Paris.
180 Sitz der Royal Geographical Society in London (1838 – 1913). Photo: Royal Geographical Society, London.
188 Lehmhütten auf Sansibar. Photo: Friederike Wappler, Essen.
191 Victoria-Fälle. Photo: U. Höhn, Ravensburg.

Register

Inhalt